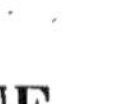

PHILOSOPHIE POLITIQUE

DES

RÉFORMES

ET DES

INSTITUTIONS EUROPÉENNES

OU

VUES PAR-DESSUS L'EUROPE EN 1860

SOUS LE RÈGNE DE

NAPOLÉON III

PAR

Félix LEVACHER DURCLÉ

> Dans l'ordre physique et fini, dont nous ne saurions sortir, rien ne saurait nous donner de DIEU une idée plus juste que l'image du SOLEIL, celle de son FEU, et celle de sa LUMIÈRE ; d'où il suit naturellement que DIEU, comme le FEU, ne saurait être plus sensiblement senti que dans l'intimité du SENTIMENT, et comme la LUMIÈRE, plus clairement aperçu que dans l'éclat de l'INTELLIGENCE. AIMER DIEU, c'est le SENTIR et le COMPRENDRE dans ses œuvres.

Prix : 6 fr. 50

PARIS

EN VENTE CHEZ L'AUTEUR, BOULEVARD SAINT-DENIS, 16

ET CHEZ LES PRINCIPAUX LIBRAIRES DE PARIS ET DE FRANCE

OCTOBRE 1860

PHILOSOPHIE POLITIQUE

DES

RÉFORMES

ET DES

INSTITUTIONS EUROPÉENNES

OU

VUES PAR-DESSUS L'EUROPE EN 1860

SOUS LE RÈGNE DE

NAPOLÉON III

PAR

Félix LEVACHER DURCLÉ

> Dans l'ordre physique et fini, dont nous ne saurions sortir, rien ne saurait nous donner de DIEU une idée plus juste que l'image du SOLEIL, celle de son FEU, et celle de sa LUMIÈRE; d'où il suit naturellement que DIEU, comme le FEU, ne saurait être plus sensiblement senti que dans l'intimité du SENTIMENT, et comme la LUMIÈRE, plus clairement aperçu que dans l'éclat de l'INTELLIGENCE. AIMER DIEU, c'est le SENTIR et le COMPRENDRE dans ses œuvres.

PARIS

EN VENTE CHEZ L'AUTEUR, BOULEVARD SAINT-DENIS, 16

ET CHEZ LES PRINCIPAUX LIBRAIRES DE PARIS ET DE FRANCE

OCTOBRE 1860

OUVRAGES DU MÊME AUTEUR

1846. Nouvelle Méthode pour abréger considérablement aux Élèves et aux Maîtres le temps consacré aux difficultés mécaniques du piano et de tous les instruments de musique.

(APPROUVÉE ET RECOMMANDÉE PAR LE COMITÉ DES ÉTUDES MUSICALES DU CONSERVATOIRE IMPÉRIAL DE MUSIQUE DE PARIS.)

Appareil et Méthode, prix : 38 francs.

1857. Mémoire présenté à la Société impériale et centrale d'Agriculture de Paris sur la Fertilisation naturelle des Marais tourbeux.

(APPROUVÉ PAR LA SOCIÉTÉ IMPÉRIALE ET CENTRALE D'AGRICULTURE DANS LE RAPPORT FAIT A SA SÉANCE SOLENNELLE DE 1858.)

Prix : 5 francs.

S'adresser à Paris, à l'AUTEUR, boulevard Saint-Denis, 16.

A MES LECTEURS

Je ne sais s'il pleut encore des brochures : brochures religieuses pour ou contre le Pape, brochures politiques. Quelles brochures! Combien méritent d'être citées!... Dans le nombre cependant, quelques-unes m'ont paru dignes d'attention, et tout le monde a distingué, comme moi, les brochures *la Coalition, la Nouvelle carte d'Europe, la Prusse en* 1860, *et la Politique anglaise;* mais personne jusqu'ici n'a paru pressentir la grandeur de la lutte, qui tout à coup pouvait éclater, comme un effroyable coup de tonnerre, entre l'Orient et l'Occident de l'Europe.

La Providence, qui a de bonnes raisons pour ne pas tenir compte de ce que nous pouvons pressentir ou non, ne tranchera-t-elle pas seule la question? Elle l'a fait bien souvent. Il ne lui faut qu'un homme pour comprendre ses desseins, qu'un seul, pour faire exécuter ses plans. Peut-être cet homme existe-t-il. Qui sait? Peut-être lui a-t-elle ménagé dans sa vie propre de tels événements, et, par suite, de telles réflexions, que son intelligence s'en soit forcément agrandie; peut-être l'a-t-elle éclairé de telle sorte, que cet homme aujourd'hui puisse en éblouir le monde.

Il faut convenir que ce qui pourrait devenir grand, prendre de grandes proportions, et concourir, par cette grandeur même, le plus à notre bonheur, aujourd'hui nous effraye. On ne sait comment dire les choses, et le Gouvernement semble réduit à nous dispenser la nourriture, comme à un malade. Serait-ce que les Bourbons nous ont faits si petits, que nous ne puissions plus envisager les événements en face? Cependant, si véritablement L'HOMME PROPOSE ET que DIEU DISPOSE, et si, dans les décrets de sa Providence, Dieu avait décidé la guerre, pourquoi ne pas envisager avec calme et sang-froid les fruits qu'elle devrait nous apporter?

A TOUTE CHOSE, dit-on, MALHEUR EST BON. La guerre, sans doute, est un grand malheur, ou, plus exactement, le plus douloureux sacrifice d'une nation; mais enfin, si la guerre venait à se déclarer, malgré tous les efforts de la France pour maintenir la paix, et que, de plus, cette guerre fût de celles que l'on dût appeler SAINTES, parce qu'elle aurait évidemment pour objet de soutenir les justes prétentions des Peuples contre les injustes prétentions des Rois, je me suis demandé depuis longtemps, car ces réflexions ne datent pas d'hier, si ce ne serait pas définitivement A DE TRÈS-GRANDES CHOSES, que CE MALHEUR SERAIT BON.

Pénétré de ces idées, je me suis mis à l'œuvre sur la fin de 1858. Les questions européennes les plus importantes formaient trois chapitres d'un ouvrage, dans lequel je cherchais à donner la solution des questions les plus élevées de philosophie, pour résoudre celles que devait se poser la société la plus avancée au XIXe siècle.

Une maladie m'a empêché d'y mettre la dernière main.

Mais des nuages semblent s'amonceler à l'horizon, les intelligences commencent à s'émouvoir, et le sang bat plus vite au cœur. Le calme ne serait-il plus qu'apparent? On parle de frontières naturelles, du droit des nationalités : parlons de tout ce qui peut advenir d'heureux dans l'avenir, et aujourd'hui d'inattendu, si la Providence, comme tout semble le présager, a mis au monde un homme, dont la grandeur de la mission n'est pas encore connue.

J'ai donc détaché ces trois chapitres, les réunissant sous la forme d'un ouvrage, auquel j'ai donné le titre de

RÉFORMES

ET

INSTITUTIONS EUROPÉENNES

OU

VUES PAR-DESSUS L'EUROPE EN 1860

SOUS LE RÈGNE DE

NAPOLÉON III

Dieu veuille que mes prévisions s'accomplissent, et que, sans être prophète, j'aie mis le doigt sur ses desseins, sur la mission de NAPOLÉON III, et sur le coup de théâtre européen, d'où tant de choses heureuses peuvent résulter pour les générations futures.

25 septembre 1860.

TABLE DES MATIÈRES

CHAPITRE II (suite)

DES CONGRÈS QUINQUENNAUX

CHAPITRE II (suite)

DES CONGRÈS QUINQUENNAUX

CHAPITRE II (suite)

DES CONGRÈS QUINQUENNAUX

CHAPITRE III

VUES

PAR-DESSUS

L'EUROPE EN 1860

CHAPITRE Ier

DE LA RECHERCHE DES FRONTIÈRES NATURELLES DES PEUPLES DE L'EUROPE

VUES PAR-DESSUS L'EUROPE EN 1860

CHAPITRE Ier

DE LA RECHERCHE DES FRONTIÈRES NATURELLES DES PEUPLES DE L'EUROPE

> Le système fédéral peut unir, il est vrai, différents peuples; mais il divise une nation qui formait un tout compacte; IL TUE TOUT ESPRIT DE NATIONALITÉ ET D'INDÉPENDANCE. L'Allemagne est aussi divisée en États fédératifs, qui ont leur diète fédérale et leurs troupes réunies en un seul corps d'armée; mais FORMENT-ILS UNE NATION? Pourquoi vante-t-on la politique cruelle de Louis XI et de Richelieu? C'est qu'ils abaissèrent les grands vassaux, qui, commandant chacun une province, formaient une confédération et divisaient la force de l'État. Il faut, dans un grand pays, un centre qui soit le principe de la prospérité, comme le cœur est le principe de la vie dans le corps humain.
>
> (LOUIS-NAPOLÉON BONAPARTE, *Considérations politiques et militaires sur la Suisse.*)

Parlez-vous plusieurs langues? — Oui. — Eh bien! vous êtes bien plus avancés que moi, dont toute l'ambition se bornerait à en parler bien une seule. Prenez donc les chemins de fer internationaux. C'est assurément pour vous qu'ils ont été faits, et qu'ils ont coûté tant d'argent. Vous êtes-vous déjà fait transporter en Allemagne? — Oui. — Eh bien! moi qui ne l'ai pas fait, je vous suis sur la carte.

Avez-vous visité le Grand-Duché de Luxembourg, l'Enclave d'Oldembourg, le Landgraviat de Hesse-Hambourg, le Cercle du Rhin, en deçà du Rhin, dépendant de la Bavière, au delà du Rhin, le Grand-Duché de Bade, le petit Royaume de Wurtemberg, la Principauté plus petite de Hohenzollern-Sigmaringen, le Duché de Nassau et le Grand-Duché de Hesse-Darmstadt, avec sa corne s'élançant vers le nord, et ses avant-postes, et les États imperceptibles de Francfort-sur-le-Mein? Avez-vous visité la Hesse électorale, la Principauté de Waldeck, le Royaume de Saxe, les parcelles de Prusse, grandes comme la poche, incrustées dans les Saxes, la Principauté de Schwarzbourg-Rudolstadt, et le Duché de Saxe-Meinengen-Hildburghausen, et le Grand-Duché de Saxe-Weimar-Eisenach, et le Duché de Saxe-Cobourg-Gotha, et le Duché de Saxe-Altembourg, et un département du Hanovre égaré dans la Prusse, et la Principauté encore égarée de Schwarzbourg-Sondershausen, et le Duché d'Anhalt-Bernbourg, et celui d'Hanhalt-Dessau, et celui d'Anhalt-Köthen, et le Duché en cinq fractions du duc de Brunswick, et la Principauté de Lippe-Detmold, et celle de Lippe-Schauenbourg, et les Principautés de Reuss-Greitz, de Reuss-Schleitz et de Reuss-Lobensten-Ebersdof, la Seigneurie souveraine de Kniphausen, et les Villes libres, et les Colonies de ces Messieurs, etc., etc.. J'en oublie, j'en oublie, je le sais bien. Aucun prince ne doit être oublié; mais je n'y vois plus, pardonnez-moi.

Mon Dieu, qu'est-il donc arrivé à ces malheureux pays? Quel fléau les a mis en pièces? En savez-vous l'histoire? Depuis 30 ans, on m'a tant bourré de l'histoire du passé, à commencer par celle du père Loriquet, qui m'avait appris que Napoléon Ier avait été général de Louis XVIII, et à finir par celles des Grecs et des Romains, de Clovis et de Brunehaut, qu'on réédite tous les jours, après les avoir constamment et encore revues, corrigées et considérablement augmentées; j'en suis tellement fatigué, tellement obsédé, que je vous demande en grâce, comme une politesse du meilleur goût, de ne pas me forcer à rechercher les causes, qui, à de certaines époques, rongent les territoires, et affligent évidemment l'humanité.

Avez-vous jamais parcouru le boulevard de Paris dans la première quinzaine de janvier, et acheté pour vos enfants le jeu de patience, qui consiste à découper, en coupures les plus capricieuses possibles, une image donnée? Tous les morceaux étant détachés, l'enfant doit les réencadrer les uns dans les autres. A force de chercher, il finit par y arriver. Il faut que je donne cette idée à quelque marchand de jouets d'enfant, celle de faire une image de la sagesse, qui a présidé, en 1815, aux incisions, déchiquetements, dissections et incrustations de la carte d'Europe. Le diable m'emporte si un enfant de Paris, et ils n'y sont pas bêtes, vient jamais à réemboîter, à réincruster tous ces messieurs, les uns dans les autres. Ce jeu ferait fureur, et certainement la fortune de quelqu'un.

Du temps où j'étais sur les bancs, on me disait que nous avions eu en France de grands Rois, qui avaient successivement mangé les Ducs de Normandie, de Lorraine, de Bourgogne, et bien d'autres, et s'en étaient engraissés; et cela leur avait réussi à eux, et à la France. Est-ce que de notre temps, les Rois ne mangent plus de Roitelets ni de Principions? Peut-être que cela leur réussirait encore. L'expérience est bien quelque chose? Mais un de mes amis me dit : Vous détruiriez ainsi l'Equilibre Européen !

L'Équilibre Européen ! Qu'est-ce que cela? Cette science-là est-elle vieille? Je me défie des sciences nouvelles. La connaissait-on du temps de Louis XI? — Non. — Alors, je n'en veux pas, passez votre chemin, je ne sais pas ce que vous dites. L'Équilibre Européen ?......

Je me souviens que mon professeur de physique nous disait :

Messieurs, quand dans chacun des plateaux d'une balance parfaitement juste, on met deux poids parfaitement égaux, les deux poids pèsent d'une égale autorité, et la balance est dite maintenue en parfait équilibre. Souvenez-vous de ceci, Messieurs, qui est très-élémentaire, mais indispensable pour tout bien peser.

C'est sans doute cela que mon ami voulait me rappeler, quand, avant de me permettre d'ouvrir la bouche sur une aussi grande question, l'Équilibre Européen, il tenait à ce que je me rappelasse bien les premiers principes de la physique la plus élémentaire. Il avait peut-être raison.

Voyons :

physique la plus élémentaire. Il avait peut-être raison.

Voyons :

TABLEAU

DE

L'ÉQUILIBRE EUROPÉEN

D'APRÈS

LES TRAITÉS DE 1815

1° La Russie d'Europe compte en habitants	62,000,000
2° L'Autriche	39,000,000
3° La France	36,000,000
4° L'Angleterre (Angleterre, Écosse, Irlande)	27,000,000
5° La Prusse	16,000,000
6° L'Espagne	15,000,000
7° La Turquie d'Europe	12,000,000
8° Les Deux-Siciles	8,600,000
9° Les États Sardes (1)	5,000,000
10° La Suède et la Norvége	4,747,000
11° La Bavière	4,700,000
12° La Belgique	4,400,000
13° La Moldavie et la Valachie	4,050,000
14° Le Portugal	3,800,000
15° La Hollande	3,400,000
16° Les États Pontificaux	3,000,000
17° La Suisse	2,350,000
18° Le Danemark	2,340,000
19° Le Hanovre	1,950,000
20° La Saxe	1,900,000
21° Le Wurtemberg	1,800,000
22° La Toscane	1,600,000
23° Le Duché de Bade	1,400,000
24° La Grèce	900,800
25° Le Grand-Duché de Hesse-Darmstadt	898,800
26° La Hesse électorale	800,000
27° Le Duché de Mecklembourg-Schwérin	550,900
28° Le Duché de Modène	520,000
29° Le Duché de Parme	510,700
30° Le Duché de Nassau	506,200
31° Le Grand-Duché de Luxembourg	481,013
32° Le Grand-Duché d'Oldembourg	307,027
33° Le Duché de Brunswick	281,136
34° Le Duché de Saxe-Weimar-Eisenach	250,100
35° Le D. de Saxe-Meiningen-Hildburghausen	162,480
36° La République libre de Hambourg, divisée en quatre fractions d'États de puces	150,210
37° Le Duché de Saxe-Cobourg-Gotha	148,377
38° Le Duché de Saxe-Altembourg	131,709
39° La Principauté de Lippe-Detmold	110,033
40° Le Duché de Mecklembourg-Strelitz	105,371
41° La Principauté de Schwarzbourg-Rudolstadt	71,999
42° La République libre de Francfort	67,773
43° Le Duché d'Anhalt-Dessau	64,917
44° La Principauté de Waldeck	56,341
45° La République libre de Brême	48,555
46° Le Duché d'Anhalt-Bernbourg	47,137
47° Le Duché d'Anhalt-Köthen	41,997
48° L'espèce de République théocratique du Montenegro	39,031
49° La Principauté de Reuss-Greitz	37,061
50° La Principauté de Lippe-Schawenbourg	33,333
51° La République libre de Lubeck	27,787
52° Le Landgraviat de Hesse-Hombourg	25,683
53° La Principauté de Reuss-Lobenstein-Ebersdorf	22,793
54° La Principauté de Hohenzollern-Sigmaringen	22,367
55° La Principauté de Reuss-Schleitz	22,302
56° La Principauté de Hohenzollern-Hechingen	22,294
57° La République libre d'Andorre	18,577
58° La République libre de Saint-Marin	7,633
59° La Principauté de Monaco	6,977
60° La Seigneurie souveraine (État libre et indépendant) de Kniphausen	3,404
61° La Seigneurie, également libre, souveraine et parfaitement indépendante de Lichtenstein	5,999

etc., etc., etc., etc. :

(1) Ces travaux datant de 1858-1859, nous n'avons pas cru devoir y rien changer.

n'avais pas connu au moins la prudence de ceux-là, je me proposais de demander à mon ami de m'expliquer bien clairement (et cette fois-ci, de façon à ce que tout le monde le comprenne) comment les POIDS SI DIFFÉRENTS de tous ces Rois-là pouvaient, dans la balance, PESER d'une ÉGALE AUTORITÉ, pour maintenir en Europe un PARFAIT ÉQUILIBRE.

Assez de siècles s'étaient écoulés, depuis lesquels on avait réussi à s'entendre parfaitement d'individu à individu, pour qu'il ne fût pas possible de douter un instant que le temps était venu de s'entendre aussi de nation à nation, de réaliser les vœux de l'abbé de Saint-Pierre, et d'établir un accord parfait en Europe, d'où seul pouvait résulter pour l'avenir un éternel et harmonieux équilibre. C'est ce qu'ont fait les traités de 1815 pour les générations futures.

Le Christ avait dit, il y a mille huit cents ans, comme première et dernière maxime :

FAITES A AUTRUI CE QUE VOUS VOUDRIEZ QU'IL VOUS FUT FAIT A VOUS-MÊME. LA EST TOUTE LA LOI.

C'est aussi précisément ce qui a eu lieu depuis ce temps-là parmi les nations, j'entends seulement les nations les plus catholiques, et ce qui continue d'avoir lieu tous les jours, aujourd'hui sous nos yeux. Demandez-le à l'Autriche, ou, si vous le préférez, au Pape, à l'Église elle-même.

Tout est donc pour le mieux.

Non-seulement, comme vous le voyez, on a mûrement réfléchi au PARFAIT ÉQUILIBRE, qui s'établit forcément par le POIDS d'une ÉGALE QUANTITÉ de POPULATION, mais on a même trouvé un double équilibre dans l'influence, qui devait PESER d'une ÉGALE AUTORITÉ par le POIDS d'une ÉGALE ÉTENDUE DE TERRITOIRE. En face d'une aussi haute prévoyance, qui égale à peu de chose près celle de la Providence, de quoi, diable, se plaint-on?

Nous répétons toujours en France :

L'UNION, C'EST LA FORCE.

Mais, heureusement pour les Allemands et aussi pour les autres, que cet axiome philosophique que, nous, nous croyons vrai à tous les points de vue, n'a jamais passé le Rhin, ni les Alpes, pour s'éclipser vis-à-vis d'une vérité aussi universelle :

LA DÉSUNION, C'EST LA FORCE.

Tout le monde n'a pas la simplicité, la netteté, la clarté du génie allemand.

Je rouvre après vingt-cinq ans mon cahier de collége. J'avais noté plusieurs idées sur le remaniement de la carte d'Europe. Elle a peu changé depuis. J'en reprends donc quelques-unes. Si vous trouviez cela fort, vous seriez bien plus que bienveillant, vous ne seriez pas assez difficile.

Enfant, je m'étais dit :

Il faut qu'un peuple soit composé d'un nombre assez considérable d'individus, pour mériter le nom de nation, et occuper les loisirs d'un roi. Si une nation ne compte pas environ 20 millions d'habitants, comment donc peut s'y prendre le monarque, pour trouver des hommes à nommer à tous les emplois, et à tous les degrés de ces emplois? Ces emplois sont très-nombreux, et demandent des aptitudes bien diverses. Combien y a-t-il de gens un peu intelligents sur mille? Deux ou trois. Sur 20 millions, cela donne 60,000. C'est le moins dont le nombre est indispensable, pour remplir tous les grades. On me parle de peuples de 4,000,000 d'habitants, de 3, de 2, de 1 million, de 500,000 individus, de 200,000 et de 100,000; on m'en cite de 50,000, même de 20,000, et voire même de 3,000 habitants..... J'avais ajouté : JE NE COMPRENDS PAS!

Je retrouve une note au crayon, mise en marge, une année plus tard, à titre sans doute d'éclaircissement :

Il faut alors qu'il y ait de ces petits royaumes, dans lesquels un homme est obligé d'être à la fois Capitaine d'artillerie et Pharmacien, Poëte, Chimiste et Juge au tribunal, Professeur à l'Université, Bonnetier, Historien et Épicier, Médecin, Gérant des Pompes funèbres, Astronome, Parfumeur, Mathématicien, Musicien, Huissier, Curé, Percepteur, Maire et Chef des Pompiers; sans quoi le compte ne s'y trouverait pas.

Tous ces petits États, disais-je, décorés d'un Roi, doivent assurément en être au moyen âge. Peut-être ne reculent-ils plus, mais sans doute alors, ils n'avancent guère.

Indépendamment d'un nombre d'habitants qui me paraît indispensable pour prendre un rang, jouer un rôle dans la civilisation, et donner ainsi un corps à des manifestations et significations diverses dans les sentiments et les pensées, il me semble, disais-je, que l'étendue du territoire est une condition également indispensable, et doit être dans un rapport à peu près égal avec celui de la population. Rien de tout cela n'existe!! J'avais ajouté: .....Que du diable soit! JE NE COMPRENDS PAS!

C'était cette même idée qu'en peu de lignes M. GUÉROULT énonçait, il y a peu de mois, dans l'OPINION NATIONALE :

« On a un Souverain, disait-il, là où il faudrait un « préfet; une armée, là où il suffirait de quelques « brigades de gendarmerie; on a des chambellans, « des ministres, des douanes en miniature. Tout cela « dépense, et ne fonctionne pas; on a un simulacre « d'indépendance, et l'on est en réalité le très-humble « serviteur du voisin puissant, qui a un gouvernement, « une armée et un budget sérieux. Ce régime d'oné- « reuses fictions, de dispendieuses parades et d'im- « puissance réelle, bon tout au plus pour amuser les « derniers moments de quelques dynasties tombées « en enfance, ne peut satisfaire les aspirations d'un « peuple, qui se prend au sérieux, et qui veut mettre « la main à l'œuvre de sa propre destinée. »

J'avais mis plus loin :

Il doit exister dans la nature des LIMITES NATURELLES, des mers, des montagnes, des fleuves, qui, à toute époque, ont dû PARAITRE TELLES AUX RACES

DANS LEURS MOUVEMENTS, AUX PEUPLES DANS LEURS ENVAHISSEMENTS.

Le Portugal, disais-je, ressemble au nez de l'Espagne. Il n'y a entre eux deux ni montagne, ni fleuve, ni limite d'aucun genre. Si l'Espagne venait un jour à vouloir compléter sa figure, est-ce que cela ne concorderait pas avec le plan du Créa teur ?

Louis XIV a dit :

« Il n'y a plus de Pyrénées. »

Pour moi, c'est une sottise ; il y en aura encore bien longtemps.

Depuis Charlemagne, le Pape a bien perdu. Il a un cancer au sein ; il est rongé de toute part, intérieurement et extérieurement. On dit que le Roi de Naples est peu aimé. Quant aux petits États du nord de l'Italie, l'Autriche les resserre comme dans un carcan, et les étouffe. Ils se meurent. (Je copie ici textuellement mon cahier de collége.) Je ne vois pourtant ni fleuve, ni climat, ni races si diverses, qui ne m'empêchent de contenter ici la Divinité, et de faire du haut en bas de l'Italie place nette.

Quant à nous, nous sommes assez bien bordés par les Pyrénées et les Alpes. Le comté de Nice et aussi la Savoie devraient cependant appartenir à la France. J'aurais suivi les Alpes jusqu'au Saint-Gothard, puis les prolongements Est des Alpes pour atteindre Mayenfeld, et de là descendu le Rhin, sa limite naturelle, jusqu'à son embouchure. Je ne suis qu'un enfant, c'est vrai. Mais enfin, si quelqu'un se mettait bien dans la tête de mettre un jour l'étendue de notre territoire en parfait accord avec cet axiome chrétien :

QUOD DEUS JUNXIT HOMO NON SEPARET,

qu'est-ce que les nations les plus chrétiennes auraient à y objecter? La veille de l'événement, peut-être se chamaillerait-on; mais le lendemain, la chose faite, on la trouverait bonne.

Les limites du Pruth, les prolongements des Karpathes, bornant au nord la Bukovine; les monts Karpathes, bornant à l'ouest la Moldavie, et au Nord la Valachie, les prolongements plus méridionaux de ces montagnes, jetant en dehors la Servie, la chaîne ouest des Balkans, prise comme limite jusqu'à la hauteur de Novi-Bazar, et de là une ligne qui regagnerait l'Adriatique par la rivière Bojana et la ville de Scutari, paraissent devoir éternellement borner au nord la Turquie. Dans le Midi, les Bourbons ont constitué un petit royaume, la Grèce, de 900,800 habitants. Il ne faut pas leur savoir mauvaise grâce de cette bonne volonté; ils n'ont jamais rien fait que de petit. Mais si la Turquie vient à défaillir, les 5,000,000 de Grecs et d'Arméniens, et les 1,300,000 Catholiques romains, Juifs et Protestants qu'elle renferme, soutenus par la Grèce, pourraient bien s'emparer du pouvoir, et constituer le royaume grec. C'est probablement ce que l'on va voir.

On dit que la chaîne Nord des monts Karpathes jusqu'à la pointe de la Silésie, et delà l'Oder séparent deux races très-distinctes : les Slaves du Nord et les Slaves du Midi. Les Slaves du Nord sont répandus dans l'ancienne Pologne. La Pologne se reconstituerait ainsi, en s'agrandissant en Prusse du Grand-Duché de Posen et de la Prusse orientale, en prenant pour limites à l'ouest la Vistule. En Autriche, la Gallicie lui revient de droit. En Russie, ses limites naturelles pourraient être le Niémen, les sources de la Jasolda, dans les marais de Pinsk, et le Dnieper jusqu'à la mer Noire. Tout cela ne serait pas à coup sûr pain volé, mais pain béni (1).

---

(1) M. Edmond About voudrait que la Pologne s'étendît depuis la

De la chaîne Nord des Karpathes, suivant celle Riesen-Gebirg, descendant par la chaîne de montagnes Erz-Gebirg, et celle dite Bœhmer-wald-Gebirg, la première bornant la Bohême au nord, la seconde au nord-ouest, et la troisième au sud-ouest, puis, remontant à l'est pour faire le tour de l'archiduché d'Autriche et le joindre à la Bavière, je descendrais par les prolongements des Alpes, un peu au-dessous de Rastadt, et de là sur l'Adriatique, rejoignant ainsi la grande chaîne des Alpes, véritable couronnement naturel du génie artistique de l'Italie. De cette limite jusqu'aux frontières de la Turquie, j'aurais les États slaves, composés des Slaves du Midi. De cette même limite jusqu'à la mer du Nord et la Baltique, y compris le Danemark, j'aurais les États allemands.

La Suède et la Norwége ne font qu'un ; la Laponie et la Finlande devraient y être réannexés.

Saint-Pétersbourg ne saurait être une capitale,

Baltique jusqu'à la mer Noire. Je suis plus que jamais de son avis ; mais alors la Pologne ne peut pas se terminer en queue de poisson, resserrée sur la mer Noire par la Bessarabie.

puisqu'il n'est pas un centre. Moscou, pour notre époque, est la vraie capitale de la Russie.

Au total, on aurait donc dix nations en Europe : la France, l'Angleterre, l'Espagne, l'Italie, les États allemands, les États slaves, le royaume de Pologne, le royaume grec, le royaume scandinave, et l'empire russe, au lieu de près de 65 Empires et Empereurs, Rois, Reines, Princes et Princesses, Papes et Papesses, Ducs et Duchesses, Comtes et Comtesses et Seigneurs du moyen âge.

Je m'étais dit que les chaînes de montagnes sont des limites bien plus naturelles que celles des fleuves, parce qu'elles sont BEAUCOUP PLUS ÉLEVÉES, et par cela même beaucoup plus difficiles à franchir. Les fleuves DÉCOULENT des montagnes, et non les montagnes des fleuves. C'était l'Europe divisée d'un point de vue SUPÉRIEUR.

Travaux d'enfant, me dira-t-on. — Soit !

Je vous les donne pour tels : mais, en tout cas, ils valaient bien ce qui existe aujourd'hui ; et JE LES TIENS ENCORE POUR BONS DEVANT LE TRAVAIL DES ROIS.

Puisque je soumets au danger de votre critique mes idées d'enfant, veuillez permettre que je vous expose aussi mes idées d'homme fait.

A l'époque où l'Europe était à peine peuplée, le besoin qui se fait sentir dans une foule trop compacte et resserrée en un endroit se fit sentir dans divers peuples du continent. Ils crurent manquer d'air, souvent, en réalité, de nourriture. Ils se détassèrent, se mirent en marche, ÉMIGRÈRENT. A trop d'inégalité dans la répartition de la population succéda un peu plus d'égalité. C'est une des lois naturelles du progrès. La place appartient ainsi au premier occupant. Mais, comme à tout ébranlement général doit succéder un ébranlement plus spécial, on appela CONQUÊTES, au moyen âge, ce qui était une suite du premier ébranlement général. Quand les peuples d'un continent presque tout entier sont en marche, ou par suite du premier ébranlement, encore émus, manifestent une certaine agitation, en s'envahissant les uns les autres, il n'y a pas encore de nationalité possible. Il ne put donc y avoir au moyen âge d'autre droit que celui de la CONQUÊTE. Mais toute chose vient à s'asseoir, se fonder, se borner, s'assigner de soi à soi-même de justes limites. C'est une affaire de temps. Mais aussi, avec le temps comme avec les milieux, les lois changent. Aujourd'hui l'esprit de conquête n'est plus de notre époque. Il ne semble plus y avoir d'autre droit que celui de la NATIONALITÉ. — MIGRATIONS, CONQUÊTES, NATIONALITÉ, trois mots résumant, à mon sens, aussi brièvement que possible, les droits successifs du temps passé, et celui du présent, qui doit être celui de l'avenir.

Voulons-nous parler de l'avenir? je le veux bien. La question est sur le tapis.

Les chemins de fer (à vapeur pour le moment, et d'ici peu traînés par des chevaux), les bateaux à vapeur et le télégraphe électrique, rendront évidemment les communications internationales de plus en plus fréquentes.

Ils feront trouver tout naturellement les points de contact et de ralliement des nationalités, rendront moins tranchés et moins crus les tons qui les distinguent, et les adouciront, comme le fait une gaze légère, superposée sur des couleurs, qui paraissent faire entre elles une opposition trop vive; ils fonderont les nationalités d'un continent dans la teinte générale de ce continent, ils en éteindront les luttes nationales, comme les grandes routes de Louis XIV ont achevé d'éteindre en Europe les luttes locales du moyen âge, et finiront, en agrandissant le cercle de l'intelligence et du sentiment, par rapprocher les continents entre eux, et en faire découvrir leur harmonieuse hiérarchie. Tels sont, à mon sens, les services que les chemins de fer, les bateaux à vapeur et le télégraphe électrique contribueront à rendre à l'humanité.

Les idées et les sentiments qui s'attachent à la Nationalité ou à la Patrie seront plus intelligemment entendus ou plus finement sentis dans l'avenir. Telles sont les conséquences logiques, qui paraissent dès aujourd'hui découler de la fréquentation de plus en plus multipliée des peuples par les trois modes de communications dont nous avons parlé : mais, de la fréquence même de ces communications, peut-il s'ensuivre, qu'il ne puisse plus y avoir dans l'avenir de Nationalité ou de Patrie?

C'est pourtant ce qu'a soutenu, tout dernièrement encore, M. Émile de Girardin contre M. Guéroult.

M. Guéroult a répondu à M. de Girardin :

« Pour moi, la Patrie ce n'est pas seulement la

« localité qui nous a donné naissance, c'est la famille, « ce sont les amis, les relations, les souvenirs, les « traditions historiques; c'est le génie collectif d'une « race développée dans l'histoire, écrit sur les monu- « ments, dans les livres; c'est le berceau moral, intel- « lectuel et matériel, et la meilleure moitié de la vie « de chacun de nous. »

On ne peut pas mieux dire.

Effectivement, tant que vous aurez des types sensiblement divers comme caractères généraux, des différences de latitude et des climats particuliers, des impressions ineffaçables de la première enfance, des barrières constantes et seulement franchissables dans des endroits donnés, de grandes ondulations ou bassins, conséquences naturelles des grandes chaînes de montagnes, et des nuances de sols sensibles, comme l'uniformité d'une teinte générale dans un tableau, le tout réagissant de la partie matérielle de notre organisation sur l'esprit de cette même organisation, autant de temps dureront les principes éternels de Nationalité ou de Patrie.

Si des limites visiblement éternelles, comme les océans et les mers séparent à tout jamais les continents, comment ne voit-on pas de suite, que ces grandes délimitations, les plus grandes du globe, entraînent l'esprit à admettre qu'il doit, par nécessité d'harmonie, en exister dans la création de moyennes et de petites, qui assignent de justes limites aux peuples de ces continents? On a trouvé, comme par instinct, que les nationalités n'étaient autres que des couleurs. On dit: les couleurs nationales. C'est de tout point exact. LES NATIONALITÉS SONT DES NUANCES PARTICULIÈRES, DESTINÉES A SE FONDRE DE PLUS EN PLUS DANS L'AVENIR, MAIS NON A SE NOYER JAMAIS DANS L'HARMONIE GÉNÉRALE DES PEUPLES.

Dans l'OPINION NATIONALE, M. DE GIRARDIN s'exprimait ainsi :

« Il n'y a que la main de la liberté, qui puisse « dénouer le nœud des nationalités. Nationalité est un « de ces mots trompeurs, dont il serait temps enfin « que les peuples cessassent d'être dupes...

« Depuis que la victoire, s'acheminant vers la civi- « lisation, a répudié l'esclavage, le mot nationalité, s'il « a gardé son prestige, a perdu sa signification....

« Sans la liberté individuelle, qu'est-ce que l'indé- « pendance nationale?...

« Entre la conquête, qui est le droit du plus fort, et

« la liberté, qui est le droit du plus faible, il n'y a
« pas de place pour la nationalité, qui est un fait, mais
« qui n'est pas un droit....

« Oui, je l'avoue, oui, je le déclare, je suis pour
« le droit de la conquête, contre le droit de la natio-
« nalité....

« Quand vous défendez la nationalité, au lieu de
« revendiquer la liberté, savez-vous ce que vous faites?
« Vous défendez sans le vouloir et sans le savoir la
« Féodalité.

« Féodalité et Nationalité sont un. Nationalité, c'est
« Féodalité sur une plus grande échelle. Au temps
« où nous vivons, la Patrie de l'homme civilisé, si
« ce n'est pas la commune où il est né, c'est toute
« la partie du monde civilisé dont il parle la langue.
« L'homme civilisé, qui a la Patrie la plus grande,
« est celui, qui parle le plus grand nombre de langues
« vivantes. Le Français qui aime la liberté, et qui
« parle anglais, a pour Patrie, je ne dis point l'Angle-
« terre, parce qu'il n'y peut pas posséder la terre,
« mais les États-Unis d'Amérique.

« *Ubi Libertas, ibi patria, etc., etc., etc.* »

Pourquoi M. de Girardin, amant passionné de la liberté, et que nous supposons devoir parler parfaitement l'anglais, ne quitte-t-il pas immédiatement la France pour les États-Unis ?

Dois-je à M. de Girardin une réponse ? En voici une :

L'homme civilisé, qui parle le plus grand nombre de langues vivantes, est celui qui, à défaut de Patrie, a en lui une des conditions, qui peuvent lui permettre de vivre dans un plus grand nombre de pays plus facilement que tout autre ; mais cette condition est loin de suffire.

M. de Girardin, non-seulement enfile les sophismes comme des perles, mais encore plus facilement que tous autres. Né en France, quoique d'origine florentine, il semblerait avoir un peu de sang anglais dans les veines. Nous avions toujours pensé que M. de Girardin était un grand administrateur, moyen en politique, petit comme philosophe. Que Dieu fasse, et aussi M. de Girardin, que nous puissions conserver de lui-même la bonne opinion, que nous nous en étions faite, quand il ne traite que les questions qu'il comprend bien.

Poursuivons :

DIEU DONNE A CHAQUE NATION COMME A CHAQUE

INDIVIDU DES DONS DIVERS, CONSÉQUEMMENT DES APTITUDES SOCIALES DIVERSES. L'Économie d'une société générale doit donc, non-seulement respecter ces aptitudes spéciales, puisqu'elles sont naturelles, mais encore aider à leur développement. Cela doit vous paraître conséquent, simple, logique et net.

Donc, retenons-le :

LA LOI, QUI DIVERSIFIE CHAQUE INDIVIDU DANS L'INTÉRIEUR D'UNE NATION, DIVERSIFIE AUSSI CHAQUE NATION DANS L'INTÉRIEUR D'UN CONTINENT.

Chaque nation a donc un rôle à jouer. Ce rôle, cette aptitude nationale, cet élément de hiérarchie continentale, vous devez le respecter, l'étudier, le faire jouer dans l'économie générale, et le grouper au profit du continent. Il peut varier de siècle en siècle, s'élever ou s'abaisser, conformément au plan du Créateur, qui a voulu tenir compte de l'usage que nous ferions de la liberté qu'il nous a laissée, mais il a toujours, à toute époque, une signification déterminée.

L'Italie, dites-moi, n'est-elle pas éminemment artiste ? Concevoir, engendrer en musique, en peinture, en sculpture, créer dans le domaine du beau artistique, c'est là aujourd'hui son rôle principal en Europe. Si, comme nation, l'esprit guerrier ou de résistance contre l'oppression est peu développé en elle, si sa force de cohésion et d'union, pour repousser au dehors toute tentative extérieure, est faible, faut-il l'aider en cela, ou l'en rendre victime? Ne voyez-vous pas que l'esprit artistique est antipathique à l'esprit guerrier, et que si vous ne lui prêtez aujourd'hui VOTRE APPUI, demain elle ne pourra plus nous prêter SON ÉCLAT?

L'Allemagne aussi n'est-elle pas éminemment rêveuse, méditative et douée par excellence du génie de la musique? L'inspiration n'est pas tout. La méditation conduit aussi à découvrir des conséquences lointaines et inaperçues, mais logiques de l'inspiration? LE RÊVE NE MÈNE-T-IL PAS AU SOUPÇON DE L'IDÉAL? NE FAUT-IL PAS RÊVER ET IDÉALISER, AVANT DE RÉALISER? LA MUSIQUE N'EST-ELLE PAS LA PERCEPTION LA PLUS DÉLICATE, PAR LES SONS, DU BONHEUR A VENIR DE L'HUMANITÉ, ET LA LOUANGE DE LA CRÉATION DANS LA LANGUE LA PLUS DIGNE D'ELLE? N'EST-CE PAS QUELQUE CHOSE D'ENTENDRE AVANT DE JOUIR? Les Allemands n'ont-ils donc pas en cela leur rôle à jouer dans le continent européen?

L'Angleterre n'est-elle pas le pays du réalisme physique, du confortable par excellence? Là où le génie manque, la nature y a suppléé, au moins en partie, par la ténacité au travail. Ne confondons pas les aptitudes d'une nation avec ses défauts. Si les défauts d'une nation doivent être corrigés, comme nous le verrons plus loin, ses aptitudes doivent être respectées, encouragées, aidées, développées.

La France, coeur et tête du continent, n'est-elle pas inspiratrice et motrice de la civilisation européenne? Impartiale, elle juge les différends, et au besoin, oppose son veto. Son rôle, à elle, aujourd'hui, c'est d'émanciper, de développer, de protéger, d'entraîner. Le poids de son épée n'est lourd, que parce qu'elle le met le plus souvent au service de la justice, de la vérité et de l'humanité. Elle sait bien que la force matérielle, soutien du droit dans le monde, emprunte plus de force au droit lui-même, qu'elle ne lui en prête. C'est là pourquoi elle est si redoutable sur le champ de bataille. Elle croit instinctivement à la grandeur du vrai, du beau, du BON, du BIEN. C'est là son secret, comprenez-le. La France sent sa mission, sa puissance, son prestige. C'est en DIEU qu'est sa FORCE.

D'HOMME A HOMME ET DE NATION A NATION, DIEU A ENTRECROISÉ DANS TOUS LES SENS, A TITRE DE NÉCESSITÉS IMPÉRIEUSES DE SON PLAN, DES COURANTS DE SERVICES MUTUELS, ÉMANANT DE POLES MULTIPLES D'AMOUR. Tel est, évidemment, le sens élevé des choses créées.

La variété des caractères des peuples est telle, que chacun d'eux doit correspondre à des divisions et subdivisions du plan général. Ce qui ressort si clairement dans l'ordre intellectuel doit avoir été indiqué dans l'ordre physique. L'heure est venue de rechercher les limites naturelles de ce plan. Conquérir, c'est tenter vainement de détruire cette variété des peuples, qui brillera plus tard à tous les yeux, comme les fleurs diverses d'un seul et même jardin. La France doit renoncer aujourd'hui à tout esprit de conquête, si elle veut rester longtemps encore l'ÉMANCIPATRICE DU MONDE.

EXPLICATION DES DIFFÉRENTES COULEURS

DES

NATIONALITÉS EUROPÉENNES

On dit avec raison : la couleur des idées, il n'est pas de cette couleur, etc. C'est mathématiquement exact. Les couleurs représentent dans l'ordre physique les nuances des opinions, des caractères. J'ai dû, conformément à ce principe, donner à chaque nationalité européenne la nuance, qui pouvait nous donner l'idée la plus exacte de son caractère dominant.

L'esprit de justice et d'humanité fait distinguer et saillir de plus en plus le caractère français au-dessus des caractères des nations européennes. J'ai dû colorer la France de carmin, mélange de rouge et de bleu, couleur du feu sentimental dont Dieu s'est servi pour teindre les lèvres (1).

Le sentiment, qui fait la gloire du peuple italien, est plutôt artistique qu'humanitaire, plus senti dans les arts que dans les mœurs : j'ai fait pâlir la teinte de carmin, et l'ai descendue jusqu'au rose.

L'Espagnol, moins humanitaire que le Français, moins artiste que l'Italien, fier et vindicatif, devait être coloré du rose, mêlé d'une légère teinte de jaune, couleur matérielle par excellence.

L'Anglais, terre à terre, est réaliste outré des choses matérielles, et aujourd'hui ambitieux de l'englobement universel. La gomme-gutte, couleur d'or, leur revenait de droit.

On sait combien la nation allemande, portée à l'étude, à la méditation, aux jouissances de la musique, est empreinte de douceur. Le bleu de ciel est, de toutes les couleurs, celle qui semble le plus exactement peindre ce caractère.

Pour les États slaves, j'ai rembruni le bleu

---

(1) Voir la carte à la fin de l'ouvrage.

de ciel jusqu'au bleu d'outre-mer, pour désigner le mélange de la douceur avec une certaine rudesse et fierté naturelle.

La nation polonaise, douée aussi du génie musical. et susceptible de beaucoup d'attachement, devait être colorée de violet, mélange de carmin et de bleu, couleur de l'amitié.

Si les Grecs viennent à soumettre les Turcs, on sait que leur caractère dominant est la spéculation, le commerce. Le vert, emblême d'espérance matérielle, m'a paru devoir indiquer ce caractère.

Les nations qui habitent près des pôles ont nécessairement des mœurs douces. La nuance si fraîche du lilas convenait aux États scandinaves.

Restait le peuple russe, nation agricole, encore grossière, sans génie bien déterminé. La couleur d'ocre, couleur de terre, était certainement celle, qui dénotait ce caractère.

---

toujours tenté d'aborder tous les gens que je rencontre, en leur disant : Êtes-vous sérieux ? Vous faites des chemins de fer, je le vois bien ; mais voulez-vous sérieusement faire voyager, et particulièrement la génération qui va tous les jours grandissant? Quant à cela, jusqu'ici, je ne le vois pas.

Avez-vous voyagé, vous? — Non. — Eh bien! moi, j'ai un peu voyagé, mais si peu, si peu, que je n'ose vous dire où j'ai été. Mais enfin, une fois, j'ai pris le chemin de fer, un billet pour l'étranger, si vous voulez bien. On m'a déposé sur les frontières. Chose étrange! et voyez donc comme cet adjectif rend heureusement l'idée que nous nous faisions de l'Étranger, la première contrariété, qui m'a arrêté, et je ne m'y attendais guère, c'est que je ne m'entendais plus avec mes semblables, mais du tout, du tout. Ce sont pourtant des hommes comme d'autres, me disais-je, et les femmes même n'en sont pas plus mal.

J'en distinguai une toute jeune, presque enfant, gentille, d'un air avenant; je lui adressai mon sourire le plus gracieux, et je lui dis : Petite, petite..... voulez-vous m'indiquer.....?

Mais elle fit, comme si elle ne m'entendait pas; j'allais faire un pas, elle en fit deux; vive comme un petit poisson, elle tourna une rue, je la tournai aussi, mais à mon grand désespoir!... elle fuyait.

C'est un enfant, me dis-je! J'adressai alors à une personne d'un certain âge la demande, qui m'importait beaucoup. Mais, après un moment de réflexion, elle me fit signe qu'elle n'entendait pas un mot de ce que je voulais lui dire. Je ne veux pas vous compter tous les déboires de cette journée.

Si je n'avais pas été si grand, j'en aurais pleuré. Enfin, s'il faut tout vous avouer, au bout de quelques jours, je vis clairement, que je ne réussirais pas à me faire entendre dans ce pays-là. Je repris le chemin de fer. J'avais été dans le Midi; peut-être, me disais-je, serais-je plus heureux dans le Nord. Je voulus avoir l'âme satisfaite à cet égard; je partis immédiatement pour le Nord. Je vous conterais bien ce qui m'arriva ici, mais ce fut si tristement semblable à ce que vous savez déjà, que je m'en dispense. Comment, dis-je, au nord comme au midi, je ne puis me faire entendre! Mais il en est peut-être de même à l'Est et à l'Ouest; et s'il en est ainsi partout, à quoi servent donc nos lignes internationales, et quels voyageurs veulent-elles avoir ?

On affiche partout :

Paris à Londres
Paris à Amsterdam
Paris à Berlin
Paris à Vienne
Paris à Saint-Pétersbourg
Paris à Rome
Paris à Madrid
Paris à Constantinople, etc.

C'est bien tout cela ; je vois bien que vous m'invitez à aller partout ; je vous objecte seulement que je ne puis réussir à me faire entendre nulle part. Vous me tentez, et voilà tout; malheur à moi, si je suis votre victime.

Comment! on parle encore anglais, encore hollandais, encore danois, encore suédois, le bohême et la polonaise, l'allemand et le bavarois, le turc et le russe, le grec, l'italien, l'espagnol, et encore bien d'autres..., mais vous plaisantez ; une vie d'homme ne suffirait pas pour apprendre toutes ces langues-là. Vous voulez bien prendre mon argent, c'est assez souvent là votre fait, mais vous ne faites rien, pour que je vous le donne. Vous savez bien, cependant, que depuis six mille ans, les linguistes n'ont jamais pu rien faire, pour faire adopter une langue. Aidez-les donc, ces pauvres gens, qui sont tout surchargés du poids de leur bagage. Avez-vous sérieusement, car je vous regarde deux fois dans les yeux, avez-vous sérieusement l'intention d'influencer l'Europe? On est déjà assez content de vous! Mais enfin, quand on influence les gens, on peut aller jusqu'à leur faire parler sa langue. Est-ce que vous avez peur d'aller jusque-là? Eh bien! si vous avez peur, je vais vous indiquer un petit moyen, pour ne blesser personne.

Vous commencerez d'abord par disposer une belle salle à Paris, pour contenir deux à trois cents personnes. Vous mettrez sur le frontispice:

CONGRÈS DE LA LANGUE EUROPÉENNE

Vous ne devez guère être effrayés, et cela doit vous paraître bien modeste, puisque vous êtes déjà habitués à l'inscription bien autrement ambitieuse, gravée au front d'un monument, sur lequel vous lisez tous les jours :

EXPOSITION UNIVERSELLE

Cela fait, vous adresserez un invitation à tous les gouvernements d'Europe, et vous les prierez de vous envoyer les hommes, que chacun d'eux renferme, les plus distingués dans la science des langues, la linguistique: puis, vous vous recueillerez, comme il convient à un homme, en face d'une assemblée respectable, et vous prononcerez le discours suivant:

« Messieurs,

« La liaison des peuples de l'Europe par les « lignes ferrées a dû éveiller dans votre esprit, « comme dans le nôtre, le désir de les relier plus « étroitement par une seule langue, la forma- « tion d'une langue européenne. DANS L'ORDRE « INTELLECTUEL, LE PROGRÈS N'EST SOUVENT QUE « L'EXTENSION DES IDÉES. Des considérations mul- « tiples, qui prennent leur raison d'être dans « l'amélioration physique, sentimentale et intel- « lectuelle des peuples, ont entraîné la France

« à des efforts plus dignes d'elle, et plus « dignes de vous.

« La langue française, vous le savez mieux « que nous, Messieurs, n'aurait peut-être d'autre « droit de s'offrir, comme langue européenne, « que parce que vous semblez adopter de pré- « férence les instincts de justice et d'humanité « de son peuple. Vous en avez déjà fait la « langue diplomatique des rois, pourquoi n'en « feriez-vous pas la langue unitaire des peuples ? « Mais le français, connu déjà pour être clair « et net, et rempli en même temps de finesses, « de nuances et de délicatesses, qui lui per- « mettent de se prêter à toutes celles de « l'esprit, a aussi ses pauvretés. On ne saisit « pas, au premier abord, comment tant d'hom- « mes ont illustré la littérature française, sans « se croire le droit de rendre toute pensée et « tout sentiment sous la forme du verbe, de « l'adverbe, du substantif et de l'adjectif. Tel « mot existe comme substantif, qui n'existe pas « comme verbe, ni comme adverbe, ni comme « adjectif, et réciproquement pour chacun d'eux. « LA PENSÉE ET LE SENTIMENT, FORMANT LA PRINCI- « PALE VIE DE L'ÊTRE, TOUS LES MOUVEMENTS, QUI

« EN RÉSULTENT, DOIVENT POUVOIR ÊTRE EXPRIMÉS « DANS UNE LANGUE. Le français est loin aussi de « se prononcer, comme il s'écrit. Ce n'est pas « non plus une langue irréprochable, au point « de vue de l'esthétique. J'en donnerai ici un seul « exemple. N'est-ce pas une juste appréciation « de la différence de valeur de la vie du corps « à celle de l'âme, qui a conduit les Anglais à « choisir deux verbes différents, LIKE ET LOVE, « pour distinguer avec raison l'amour si diffé- « rent, que l'on peut donner aux choses physi- « ques ou matérielles, de celui que l'on doit « porter seulement à tout être vivant ou hu- « main ?

« Ne pouvez-vous pas restreindre, dans cette « nouvelle langue, l'emploi des voyelles E, I et « U, et faire prédominer les voyelles A et O? Les « premières semblent propres à entrer dans la « composition des mots, qui expriment les « choses communes, les secondes dans la com- « position de ceux, qui expriment les idées « élevées, les sentiments. Il y a plus de lumière, « d'élan, de vie, plus de cœur, plus d'âme dans « les dernières, comme on le voit clairement « dans l'espagnol et l'italien.

« N'y a-t-il pas aussi rien à ajouter à la tour-
« nure des phrases de la langue française, et à
« son génie?

« N'est-il pas dans le plan du Créateur, que,
« partant d'un type, vous cherchiez aujourd'hui
« à créer une seule langue européenne du génie de
« toutes les langues d'Europe, comme hier, il a
« paru moral et bon aux Rois de France de faire
« disparaître, sous le couvert de la langue fran-
« çaise épurée et ennoblie, tous les idiomes bâtards
« et écourtés de l'Artois, de la Bourgogne, de
« la Normandie, de la Bretagne, en un mot
« de toutes les provinces de France? Entre ces
« deux efforts, dont le succès a couronné le pre-
« mier, y a-t-il vraiment là autre chose, qu'une
« différence de proportion?

« Cette recherche, à laquelle la France vous a
« invités, nous conduit nécessairement à celle d'un
« Alphabet européen. Personne de vous, Messieurs,
« n'ignore que l'Institut de France a décerné à
« M. Carlotti, en 1844, le prix fondé par Volney
« pour la recherche de l'Alphabet universel.
« L'Alphabet européen n'est donc plus qu'une
« fraction de ce travail à examiner.

« L'activité de l'esprit, a dit M. Schleicher (1), « en se manifestant sous les formes de la pensée, « a besoin de la langue, absolument comme l'esprit « a besoin du corps. ON NE PEUT PENSER QUE PAR ET « DANS UNE LANGUE.

« J'ajoute : ON NE DOIT POUVOIR COMPRENDRE CLAIRE- « MENT ET SENTIR INTIMEMENT QUE PAR ET DANS UNE « SEULE LANGUE. Voyez donc, Messieurs, à quels « immenses résultats la formation d'une langue « européenne, confiée à vos soins, peut en peu « de temps conduire l'Europe !

« C'est donc pour étendre, développer, reculer « les limites de l'intelligence, et augmenter sur- « tout l'intensité du feu sentimental, que les « combinaisons de la Providence nous entraînent « aujourd'hui à chercher à faire sortir de toutes « les langues de l'Europe une langue unitaire « européenne.

« COMME TOUT DÉSIR, QUAND IL EST LÉGITIME, DOIT « SE RÉALISER UN JOUR, PARCE QU'IL EST IMPOSSIBLE « QUE DES DÉSIRS LÉGITIMES S'ÉVEILLENT EN NOUS, « DONT LA SATISFACTION N'AIT PAS ÉTÉ PRÉVUE PAR

---

(1) Les langues de l'Europe, par Schleicher, traduit par Everbeck.

« le Créateur, j'affirme qu'il doit se former UNE « seule LANGUE européenne, UNE de génie, d'ex- « pression, d'acoustique, mais Variée par les « inflexions, les accents des sons, qui doivent « s'influencer du milieu des climats, comme les « couleurs qui les colorent.

« Les nuances des sons correspondent aux « nuances des couleurs. Le rouge, le blanc, le « bleu, le jaune et le noir sont dans l'univers « les seules couleurs génératrices. Ici, le point « de départ est cinq, au lieu d'être un. Quelle « infinité de dégradations, de teintes et de nuances, « depuis les plus flamboyantes sous le feu de « l'équateur, jusqu'aux plus délicatement fondues « et aux plus fraîches de ton aux abords des « pôles, mais toujours et en tous lieux L'UNITÉ « cinq se retrouve, Variée partout.

« Il doit en être ainsi des inflexions et des « accents des langues, si divers qu'ils soient. « Les bases d'une seule langue doivent être com- « munes a toutes, comme les couleurs le sont a « tous les climats. C'est ainsi que vous ferez « L'UNITÉ; les inflexions et les accents de cette « langue s'influenceront du milieu des climats, « et c'est ainsi que vous observerez sa Variété.

« Aussitôt que la langue européenne sera sortie « de vos généreux efforts et de vos savantes « recherches, chacun de vos gouvernements s'em- « pressera de voter les sommes nécessaires, pour « coopérer à la traduction des ouvrages, dignes « par leur mérite, d'être les guides et les flam- « beaux de la civilisation européenne. Ces ouvra- « ges formeront le noyau de bibliothèque de « toutes les communes européennes. Tous les « écrivains seront invités à écrire dans cette lan- « gue, et toutes les universités d'Europe appren- « dront simultanément à leurs enfants à la parler.

« Nous vous avons invités à l'accomplissement « de cette œuvre, et vous êtes venus à nous.

« Faites donc que nous confondions dans UNE « SEULE LANGUE, ENRICHIE DE TOUTES LES AUTRES, « notre estime mutuel et notre désir commun de « coopérer au développement des arts et de l'in- « dustrie, du commerce et de l'agriculture; de « l'intelligence et du sentiment, et partant à celui « de la CIVILISATION et de L'AMOUR DE L'HUMANITÉ « dans le monde. . . . .

« . . . .

« . . . . »

II

Voyons, maintenant, quels sont les autres obstacles, qui s'opposent encore aujourd'hui à l'Unité européenne.

Je vois bien que les Ducs et les Grands-Ducs, les Principions et les Princes, les Rois et les Empereurs sont partout d'accord, pour prendre l'or et l'argent pour types de valeur et d'échange; mais, mon Dieu, pourquoi ne sont-ils pas d'accord jusqu'au bout ?

On me parle de pièces d'or de 100 francs, de 50 francs, de 40 francs, de 20 francs, de 10 francs et de 5 francs, et aussi de pièces d'argent de 5 francs, de 2 francs, de 1 franc, de 50 centimes et de 20 centimes, et aussi de monnaie de papier, pour allonger la sauce ; mais aussi pourquoi ne me parle-t-on pas en même temps

de Guinées,
de Livres sterling,
de Crowns,
de Shillings ;
de Souverains,

de Ducats,
de Risdales,
de Florins;
de Frédérics,
de Risdales ou Thalers,
de bons Gros,
de Silbergros,
de Gros;
de Pistoles,
de Sequins,
de Testons,
d'Écus ou de Couronnes;
de Pistoles quadruplées,
de Piastres et
de Réales;
de Ryders,
de Ducats et
de Florins;
d'Impériales,
de Ducats et
de Roubles;
de Sequins,
de moitiés de Sequins,
de Roubyeh,
d'Altmichlecs,

de Piastres,
de Yaremleds,
de Roubs et
de Paras, etc., etc., et de tant d'autres que vous voudrez ?

On dit que les Princes, qui gouvernent l'Europe, sont très-nombreux. Mais est-ce, parce qu'ils sont si nombreux, qu'ils sont si peu d'accord? Dans ce cas, l'idée vient naturellement à l'esprit d'en réduire le nombre. Les Capitalistes et les Banquiers sont bien aussi, dit-on, pour quelque chose, dans cette question-là. Princes, Capitalistes, ou Banquiers, tous, tant que vous êtes, mais à quoi vous amusez vous donc, puisque vous ne vous occupez en aucune façon de ce qui intéresse tout le monde ?

On voit à qui l'on doit s'adresser pour une réforme si simple. J'ai tout lieu d'espérer, que si l'on invitait l'Europe à ouvrir à Paris un

CONGRÈS DE L'UNITÉ MONÉTAIRE EUROPÉENNE

il se trouverait un nouveau saint Éloi, qui y verrait si clair, qu'en peu de temps il remettrait à l'endroit ce qui est décidément à l'envers.

III

Mais ce n'est pas tout! Aurez-vous longtemps encore tant de mesures en Europe? Il est vrai qu'en France on a attendu près de 70 ans, pour les appliquer ainsi : à Arras le sac de blé est de 1 hectolitre, à Paris de 1 hectolitre 1/2, et en Normandie de 2 hectolitres, et ainsi de partout. Aujourd'hui, on expose encore sous les halles départementales je ne sais combien de sortes de sacs de blé, qui ne s'accordent en rien pour la contenance. Faut-il en être réduit à recommander des réformes aussi puériles à M. le Ministre de l'Agriculture et du Commerce! Mais il y a bien encore quelques petites irrégularités. Là, on vend au poids ce l'on vend chez vous à la mesure, et réciproquement, à la mesure ce que l'on vend chez vous au poids. Les pièces de vin, de cidre, de bière, etc., sont aussi de toute contenance. Quel gâchis! Tout cela est pitoyable, et à l'heure où j'écris, inexplicable.

D'un décret tout serait changé, mais passons.

En France, la dix millionième partie de la distance du pôle terrestre à l'équateur est donnée pour unité de longueur. Si les savants d'Europe, avant de l'adopter, venaient à la remesurer, demain arriveraient-ils tous à s'accorder ? Et aussi, n'a-t-on pas cherché midi à quatorze heures? C'est ce que nous examinerons un peu plus tard.

Mais enfin, si l'on est d'accord, est-ce pour cela que l'on ne s'embrasse pas?

A Londres, c'est le Yard impérial.... 0m914
A Amsterdam, c'est l'Aune......... 0m690
A Berlin, c'est l'Aune, mais de..... 0m666
A Cologne, c'est encore l'Aune, mais
cette fois, de.................... 0m552
A Gênes, c'est la Palme........... 0m248
A Milan, c'est la Brasse............ 0m594
A Naples, c'est la Canne............ 2m096
A Madrid, c'est la Vare............ 0m848
A Lisbonne, c'est encore la Vare, mais
de.............................. 1m092
A Rome, c'est plus clair, c'est la
Canne des marchands..... 0m992
Id. la Brasse des marchands.. 0m848
Id. la Brasse des tisserands... 0m636

A Vienne, c'est l'Aune de Vienne... 0^{m}779
ou l'Aune de la Haute-Autriche. 0^{m}799
A Saint-Pétersbourg, c'est l'Archine., 0^{m}711
A Constantinople, c'est la Grande Mesure 0^{m}669
Id. ou la Petite Mesure. 0^{m}647

Et vous croyez que cela est tout? Détrompez-vous, braves gens, en Europe, presque chaque ville a son mode de mesure pour celle de longueur, et aussi pour celle de superficie, et aussi pour celle de capacité, absolument comme si le Diable s'en fût mêlé.

Mais en est-il ainsi des poids? me direz-vous. — Oui, exactement, ni plus, ni moins, pour base, que tout ce qui vous passera par la tête. Et vous voulez me transporter à Londres et à Amsterdam, à Madrid et à Rome, à Berlin et à Vienne, à Saint-Pétersbourg et à Constantinople? C'est donc seulement mon argent, que vous voulez; car nulle part je ne pourrai ni rien mesurer, ni rien peser, je ne sais comment payer, et en aucun endroit l'on ne veut me comprendre. De grâce, encore un effort, pour former aussi un

CONGRÈS DE L'UNITÉ EUROPÉENNE DES POIDS
ET MESURES

III

Un jour je me trouvais en Italie, à Rome, à Saint-Pierre, aux Vêpres de Pâques! Un voyageur arrivait de Naples; il était à côté de moi. — Quelle heure est-il, me dit-il; car, ils m'ont tout pris, les brigands, jusqu'à ma montre; avez-vous la vôtre? — Non, lui dis-je, mais tenez, voici la grande horloge de Saint-Pierre. — Oui, me répond-il, mais regardez, je n'y entends rien : Il est 16 heures 1/2. — Ah! oui, lui dis-je, il est 4 heures 1/2.

Quel singulier cadran que le nôtre, n'est-ce pas? Midi se trouve au sommet du cadran, quand le soleil est au-dessus de notre tête; c'est bien : mais Minuit se trouve encore au sommet du même cadran, quand le soleil est au-dessous de nos pieds; est-ce encore bien? Les femmes n'auraient jamais fait pis, si elles s'étaient, un jour, occupées de mathématiques. Voilà pourquoi, peut-être, tant de personnes, aujourd'hui, sont à peine

LEVÉES, quand le soleil BAISSE, et commencent à se COUCHER, quand le soleil commence à se LEVER. Faut-il s'étonner, que tant de choses encore n'aient que la moitié de leur longueur, quand le cadran n'a que la moitié de ses heures?

Cette fois-ci, et ce n'est pas malheureux pour lui, car, sur bien d'autres points, il joue de malheur, cette fois-ci, c'est le Pape qui a raison.

Si l'on parcourt l'histoire de l'horlogerie, on reste convaincu, que l'horlogerie, que j'appellerai laïque, a tenu tête au moyen âge et dans les temps modernes, au moins sous un rapport, à l'horlogerie catholique. Pendant que la première établissait horloges, pendules et montres avec des cadrans de 12 heures, la seconde construisait les horloges des cathédrales, en leur donnant des cadrans de 24 heures. Il est au moins étrange, que les horlogers de notre époque suivent en cela les errements de leurs devanciers, et se croient la liberté de nous faire des cadrans, qui ne nous permettent en rien de distinguer clairement la partie nocturne de la partie diurne. Est-ce parce que ces deux phases jouent un rôle immense dans la vie des êtres animés, qu'ils ne veulent nous en donner aucune idée nette? Cela prouve bien peu pour la clarté et la justesse des idées de ceux qui sont à leur tête.

Berthoud écrivait en 1802 :

« C'est par l'usage des horloges, que les hommes « peuvent employer tous les moments nécessaires aux « travaux toujours renaissants de la vie civile. On « multiplie et varie ses travaux, par la division ména- « gée du temps. L'homme règle, par son moyen, « l'heure du travail et celle du repos, celle de ses « repas et celle de son sommeil. »

Les horloges ainsi doivent régler la santé.

Mais, pour qu'elles puissent régler la santé, ne faudrait-il pas qu'elles nous indiquassent clairement dans la division de leur cadran l'heure et l'étendue de ces phases de notre organisation? Or, tout cela est possible, et tout cela peut être démontré et déterminé sur un cadran, non de 12 heures, mais de 24. En attendant que je puisse donner dans un ouvrage spécial les preuves de ce que j'avance, je poserai ici cette question à l'horlogerie, ou, si on le préfère, à MM. les membres de l'Institut :

1° Quelles sont les heures, que l'on doit consacrer au travail ?

2° Quelles sont celles, que l'on doit consacrer au repos?

3° Existe-t-il dans la nature des heures destinées au repas? Quelles sont ces heures?

4° Existe-t-il dans la nature des heures destinées au sommeil? Quelles sont ces heures?

5° Qu'est-ce que le jour, qu'est-ce que la nuit? Déterminer exactement leur étendue en toute saison.

Dans l'état actuel des connaissances, et dans un siècle, dans lequel chacun se dit si souvent distinguer clairement ce qu'il ne voit pas du tout, il est évident que ces questions ne paraîtront pas indiscrètes.

On voit où nous en sommes, au point de vue du cadran, avec cet entêtement de vouloir maintenir coupé en deux, déshonoré, hongré, le cadran normal de 24 heures. Cette science-là, s'est répandue en Allemagne, en Angleterre, et dans presque toute l'Europe.

Poursuivons :

Disons ici deux mots du calendrier. (Voir figure ci-contre.)

Si l'on trace un cercle, autour duquel on veut ndiquer les quatre saisons, l'idée la plus natu-

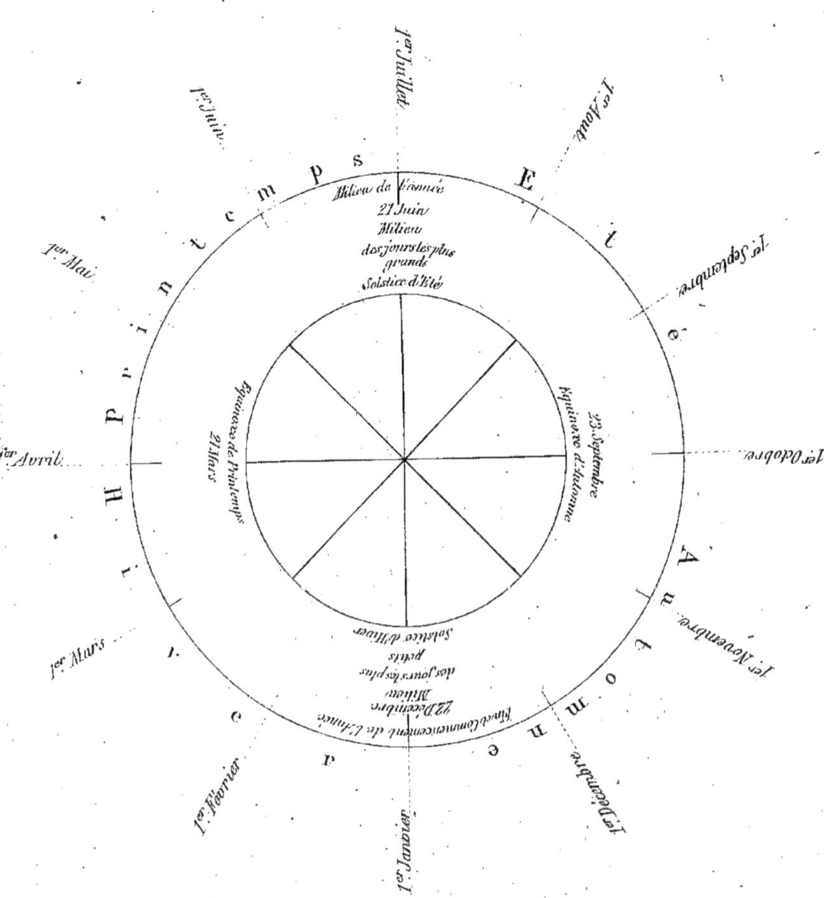

Imp. Lith. de V. Janson, à Paris.

relle, qui se présentera à l'esprit, sera de placer le milieu de l'année à la partie suprême de ce cercle, à l'image du passage du soleil sur le méridien, qui détermine le milieu et l'heure suprême du jour. Si ce point du cercle correspond exactement à cette image, tirant de ce point une verticale, vous aurez évidemment le commencement et la fin de l'année à l'extrémité de cette verticale. Si nous avons le milieu des jours les plus grands de l'année à la partie suprême du cercle, et le milieu des jours les plus petits à la partie extrême, pour avoir les jours moyens ou équinoxiaux, on ne pourra faire autrement, que de partager les deux arcs de cercle en deux parties égales, et de tracer, de ces deux points, sur la verticale, une horizontale, qui nous marquera à ses deux extrémités le premier Équinoxe à gauche, et le second Équinoxe à droite. Le point milieu des jours les plus grands de l'année correspond évidemment au solstice d'Été (21 juin). Le point milieu des jours les plus petits correspond au solstice d'hiver (22 décembre). Le point extrême gauche de l'horizontale nous donnera l'Équinoxe de printemps (21 mars); le point extrême droit de cette horizontale, l'Equinoxe d'Automne (23 septembre). D'où nous aurons ainsi le Printemps à gauche et l'Été à droite dans la partie supérieure du cercle, l'Automne à droite et l'Hiver à gauche dans la partie inférieure de ce cercle.

A vraiment dire, il n'y a dans l'année, que deux grandes saisons : la saison ou période supérieure, la saison ou période inférieure, la période d'Activité et celle du Repos. L'Equinoxe du Printemps nous ramène le soleil dans notre hémisphère, celui de l'Automne nous détermine l'époque de son départ pour l'hémisphère opposé. Évidemment les deux équinoxes sont les points de départ des deux grandes saisons (ou des quatre, si l'on partage chacune en deux), puisqu'elles nous causent de si graves perturbations dans l'atmosphère. On a partagé en 6 mois la période d'Activité et celle du Repos. Je demande pourquoi le premier jour de chacune de ces deux périodes n'est pas le premier jour du premier mois de chacune d'elles, correspondant ainsi à l'époque des perturbations, qu'elles déterminent. L'Equinoxe du Printemps 21 mars doit être le premier jour du premier mois du Printemps, soit le 1er avril, conséquemment le 21 juin sera le 1er juillet, le 23 septembre le 1er octobre, et le 22 décembre le 1er janvier.

« La durée de l'année, dit M. Léon Lalanne, « adoptée par Jules César était trop longue de 11 « minutes 9 secondes. Cette erreur produisait 1 jour « en 133 ans; en sorte qu'en 1582, l'Equinoxe du « printemps se trouvait le 11 mars, lorsqu'il n'aurait « dû arriver que le 21 du même mois.

« Le pape Grégoire XIII, voulant remédier à ce « dérangement, qui augmentait de plus en plus, « d'après les avis des plus habiles astronomes et sur- « tout de Clavius, prescrivit de compter le 15 octobre, « lorsque l'on serait arrivé au 5, et de retrancher à « l'avenir 3 bissextiles tous les 400 ans, en ne consi- « dérant comme telles, que les premières années des « siècles, dont le *millésime* est divisible par 4. Telle « est la fameuse réforme grégorienne. (*Un million « de faits*, Léon Lalanne.) »

Si mes observations sont exactes, et si Grégoire XIII put décréter à son époque d'avancer le mois de 10 jours, je demande qu'à la nôtre, en 186*, Napoléon III entraîne toute l'Europe à décréter un seul et même calendrier, dans lequel, avançant immédiatement de 11 jours, le

21 mars sera le 1er avril, pour faire concorder dorénavant le premier jour du mois d'avril avec l'Équinoxe du Printemps, et le premier jour du mois d'octobre avec l'Équinoxe d'Automne, le premier jour de janvier avec le commencement de la Croissance des jours, et le premier jour de juillet avec le commencement de leur Décroissance. Peut-il y avoir une idée plus conforme au bon sens, conséquemment plus naturelle, que de vouloir, que LE PRINTEMPS COMMENCE, QUAND EN RÉALITÉ LES PERTURBATIONS DE SON ÉQUINOXE EN DÉTERMINENT L'ÉPOQUE; que L'AUTOMNE COMMENCE QUAND, également, LES PERTURBATIONS DE SON ÉQUINOXE EN DÉSIGNENT LE TEMPS ; et ce qui est encore aussi simple et aussi fondamental, peut-on demander moins que de demander, que L'ANNÉE COMMENCE, QUAND EN RÉALITÉ LES JOURS COMMENCENT A CROÎTRE, et que L'ANNÉE FINISSE, QUAND EN RÉALITÉ LES JOURS ONT FINI DE DÉCROÎTRE ? Si les deux équinoxes sont les deux points de départ des deux périodes supérieures et inférieures des saisons, les deux solstices sont évidemment les deux points de départ des périodes ascendantes et descendantes du soleil. D'où on est bien forcé de conclure que LE 22 DÉCEMBRE DOIT ÊTRE LE 1er JANVIER.

Les savants sont généralement, à notre époque, des hommes qui ont pâli, jauni, et verdi sur le travail. Très-souvent ils voient jaune et vert. Il est bien permis de ne pas croire à la lumière de ces couleurs-là. Quant à moi, je ne crois qu'à la lumière blanche, que l'on ne peut obtenir qu'avec la pleine santé. C'est dire du même coup, qu'ils ne voient pas le plus souvent la poutre qu'ils ont dans l'œil, quoiqu'ils sachent encore distinguer la paille dans l'œil de celui qui se récrie contre leurs données. Ils ont toujours la même réponse à vous faire. Ils se croient toujours très-fondés à ne rien déranger à ce qu'ils ont établi; nous espérons cependant de leur bon sens, qu'ils voudront bien dorénavant nous fixer le commencement de l'année au jour, où véritablement elle commence.

Quand vous parlez à un savant d'année civile, il vous répond année astronomique. Si l'année civile ne se prête pas à l'exactitude de l'année astronomique, conservez les deux, c'est là votre affaire. La mienne est de vous demander de calquer l'année civile le plus près possible de l'année astronomique, je ne vous en demande pas davantage, mais je vous le demande impérieusement.

Les civils, du reste, sont gens de bonne composition et très-accommodants; avec eux, on peut, par exemple, retarder ou avancer, après une période donnée, le premier jour de l'année; peu leur importe : ils adoptent tout, pourvu, cependant, qu'on ne commence pas l'année, tous les ans, dix jours, après qu'elle est en réalité commencée, ou qu'on ne la finisse pas, neuf jours, après qu'elle est en réalité terminée. C'est par trop peu approximatif. Pour être rigoureux en mathématiques, les astronomes ne sont pas dispensés pour cela d'être logiques, ou, s'ils me font la demande de quelque chose de plus flatteur pour eux, je leur dirai que les astronomes sont des musiciens, qui, en raison même de leurs rapports avec le ciel, sont moins dispensés que d'autres, de fournir leurs accords dans l'harmonie générale.

J'ai parlé du cadran de 12 heures, et laissé supposer à l'esprit que beaucoup d'inconvénients graves pouvaient découler pour la société, de ce que l'on n'avait point adopté le cadran normal de 24 heures; j'en dirai autant de notre calendrier. Je ne prendrai qu'un seul exemple.

Ces Messieurs trouveront peut-être étrange qu'après avoir contracté la noble habitude d'avoir les yeux incessamment tendus vers toutes les planètes du ciel, ils aient perdu les traces de ce qui se passe sur la leur, et cependant il en est ainsi. J'ai vingt-cinq ans de théorie et de pratique agricole. Ils voudront donc bien me permettre de leur dire deux mots d'agriculture. Nous avons des proverbes, comme celui-ci :

AOUT MURIT TOUT,

ou

AOUT, LA FAUCILLE QUI PASSE PARTOUT.

Dans leur calendrier, qui retarde sur le temps réel des saisons, il s'ensuit que les derniers jours de juillet, qui sont réellement les premiers jours d'août, mûrissent comme août. Effectivement, les jours caniculaires commencent le 24 juillet pour se terminer le 23 août. Il serait donc plus exact de comprendre dorénavant la canicule dans le mois d'Août. J'aurais bien aussi à leur faire observer que le calendrier, ainsi réformé, concordera mieux avec les observations des médecins sur les influences des saisons sur la santé humaine, celles des agriculteurs sur l'heure des semailles, du développement des végétaux, etc., etc., mais je m'en tiendrai là, croyant avoir observé que ces Messieurs, en raison peut-être de leurs occupations élevées, n'aimaient pas la critique.

On sait que les Russes et les chrétiens du Rite grec ont conservé le calendrier romain de Jules César. Leur année commence maintenant 12 jours après la nôtre. C'est 22 jours de retard sur le commencement réel de l'année. En Russie, un Européen ignore dans quel mois et dans quel jour du mois il vit.

Quant aux Turcs, c'est tout autre chose. Le calendrier arabe, suivi par tous les peuples mahométans, est entièrement fondé sur le cours de la Lune, et le premier jour de chaque mois doit correspondre toujours à une nouvelle lune. Mais, comme en réalité c'est le Soleil et non la Lune, qui détermine les saisons, c'est d'après sa marche, que doivent être fondées les bases du calendrier.

Ce n'est donc pas être bien exigeant, pour mettre fin à ce désaccord criant de Messieurs les savants, que de demander un

CONGRÈS EUROPÉEN POUR LA MESURE DU TEMPS

V

Les quatre Congrès, dont nous avons parlé jusqu'ici, le CONGRÈS DE LA LANGUE EUROPÉENNE, CELUI DE L'UNITÉ MONÉTAIRE EUROPÉENNE, CELUI DE L'UNITÉ EUROPÉENNE DES POIDS ET MESURES, ET LE CONGRÈS EUROPÉEN POUR LA MESURE DU TEMPS donneront en une seule fois, si l'on arrive à s'entendre, des résultats immenses. Ce seront autant de jets de lumière, qui éclaireront instantanément toute l'Europe. Entrons maintenant dans la série des Congrès, qui, pour sanctionner tous les progrès au fur et à mesure du travail, ont besoin d'être renouvelés tous les CINQ ans.

Commençons par celui qui peut apporter en peu de temps les plus grandes améliorations dans le bien-être de tous, je veux parler du

CONGRÈS EUROPÉEN DE L'AGRICULTURE ET DE L'INDUSTRIE

Examinons d'abord la section agricole.

~~DE L'INDUSTRIE~~. Lisez : de l'agriculture.

PREMIÈRE CONSIDÉRATION GÉNÉRALE. Voyons d'abord ce qui se passe dans les concours nationaux. Deux systèmes sont en présence : donner des prix à tout le monde, ou en donner à un petit nombre. Le premier est celui des maîtres de pension : aussi les a-t-on appelés marchands de soupe; le second est celui de tous les hommes qui pensent. Effectivement ne réussira-t-on pas mieux à encourager, à faire progresser plus rapidement l'Agriculture, en décernant à un petit nombre des prix mérités de 5,000, de 10,000, de 20,000, et de 50,000 francs, qu'en donnant à un grand nombre des prix immérités de 100 à 1,000 francs, qui, répétés un très-grand nombre de fois, ne laissent pas que de devenir une dépense, qui ne porte que bien rarement de bons fruits. Quels efforts voulez-vous que fasse un homme intelligent, pour gagner vos primes de 100 à 1,000 francs?

Un homme rêve une charrue modèle : il apprend la mécanique et la dynamique, et se rend compte de tout emploi de force au dynamomètre. Il fait forger en fer et couler en fonte. Il éprouve la force des bois, selon le mode de leur emploi. Il contourne vingt fois, tantôt en concave, tantôt en convexe, le ventre de son versoir. Il l'a exhaussé et abaissé, rendu tantôt plus obtus, tantôt plus ouvert, l'angle, que celui-ci fait avec le cep de la charrue, et essayé de toutes les formes. Il a fait varier par toutes sortes de moyens le tirage de celle-ci, en bas et en haut, et aussi à gauche et à droite. La charrue est toujours d'aplomb, quelle que soit la profondeur, à laquelle elle laboure. Tout est facile à manier, pratique et peu coûteux, mais il a procédé du compliqué au simple. LES IDÉES LES PLUS NETTES ET LES PLUS SIMPLES SONT, on le sait bien, CELLES QUI VIENNENT LES DERNIÈRES. A toutes ses études, recherches et essais de toutes sortes, il a passé deux ans de réflexion théorique et deux années d'application pratique. Enfin, il croit toucher à la perfection; mais voici ce que ces essais lui ont coûté :

Mémoire du charron........	1,500 fr.	»
Mémoire du serrurier........	1,800	»
Mémoire du fondeur.........	800	»
Mémoire du menuisier pour les modèles et essais................	1,500	»
Mémoire de l'architecte, pour les plans et dessins.............	300	»
Acquisitions de diverses charrues des écoles d'Agriculture.....	600	»
Voyages et temps passé pour les réflexions théoriques et applications pratiques.................	1,500	»
TOTAL.....	8,000 fr.	»

Un concours départemental a lieu. Il achète deux chevaux et loue un charretier six mois d'avance, pour que sa charrue soit maniée avec art, vis-à-vis de M. le Préfet.

Dépense au moment d'entrer en lice. . 10,000 fr.

Il n'y a qu'un cri au concours : Bravo! bravo! crie-t-on de toute part. Tous les honneurs sont pour lui. Le Préfet se lève avec dignité, lui adresse son sourire le plus gracieux, lui improvise un petit discours, et lui décerne pour la perfection de sa charrue une Médaille d'or du plus grand module, de la valeur intrinsèque de 300 francs...... Le soir grand gala chez M. le Préfet. Tous les lauréats sont invités. Il a l'honneur de faire le vis-à-vis de madame la Préfette. Tout est donc pour le mieux.

Mais, la semaine écoulée, la fumée des honneurs et du vin de Champagne dissipée, le soleil se lève encore, comme d'habitude, et les soucis aussi. Personne ne vous a dit jusqu'ici, qu'avant d'arriver à de si grands honneurs, il avait dû emprunter 8,000 fr. par hypothèque sur un bon bien de 20,000 fr. Vient l'époque de les rembourser. Voici donc ce que sa femme lui dit : Ami, je ne vois pas bien clair dans tout ceci, je ne sais pas précisément où est ton avantage. Comment rembourseras-tu tes 8,000 fr. ? — Je vais me faire, lui répond-il, constructeur de charrues, je vais prendre un brevet. On prend de suite un brevet. Cela coûte 100 fr. de rente annuelle; ce n'est rien, mais il faut s'outiller, acheter fer, fonte et bois, et s'agrandir. Le notaire consent à faire prêter encore 5,000 fr. On prend des ouvriers. En un clin d'œil, trente charrues sont construites. On annonce partout cette bonne nouvelle. Pour faire connaître sa charrue, le voilà qui court au concours national. Mais, par malheur vingt constructeurs d'instruments agricoles ont copié cette charrue. L'un a remplacé un écrou par un rivet, l'autre un rivet par un écrou, celui-ci une ligne droite par une ligne légèrement courbe, celui-là une ligne légèrement courbe par une ligne droite. C'est la même idée, mais on a triché sur les moyens pour y arriver, et comme l'on n'a eu d'autres frais que ceux de copier cette charrue, on peut baisser la main. On la donne à meilleur marché. Bien entendu, notre inventeur jette les hauts cris et réclame; mais voici ce qu'on lui répond : Vous avez pris un brevet, c'est bien; mais, vous le savez, le Gouvernement n'entend rien garantir. Plaidez. — Plaider, c'est facile à dire; mais, si en gagnant avec chacun, je perds avec tous. Si, pour me faire rendre justice, je débourse en temps perdu, voyages, transports de ma charrue, consultations, frais d'avocat, etc., environ 1,000 fr. dans chaque procès, pour toucher chaque fois 500 fr. d'indemnité, où est le bénéfice? Bref, cet homme est volé.

Effectivement, ou il faut que le Gouvernement décrète que les tribunaux devront toujours et dans tous les cas tenir compte de la valeur du temps de l'inventeur, du tort que l'on fait en l'enlevant à ses affaires, des frais de déplacement de sa personne, et de ceux du transport de ses inventions, des frais de consultations, d'avocat, en un mot de ses dépenses de toute nature, puis en outre d'une indemnité, véritablement rémunératrice ; ou il faut qu'il prenne sous sa protection spéciale tous les lauréats qu'il couronne, comme tous les brevets qu'il décerne, et fasse son affaire de tous les efforts, qu'un très-grand nombre fera pour imiter, copier et contrefaire. Si le Gouvernement ne prend pas un de ces deux partis, TRAVAILLER SÉRIEUSEMENT, C'EST TRAVAILLER POUR ÊTRE DUPÉ.

Je ferai remarquer ici qu'il a trouvé juste de garantir tous les auteurs de la contrefaçon de leurs livres à l'étranger. C'est la voie sur laquelle demain il va trouver également équitable de garantir tous les inventeurs de la contrefaçon de leurs inventions. Les inventions, comme les livres, sont une propriété.

A L'INTÉRIEUR, comme à L'EXTÉRIEUR, le GOUVERNEMENT ferait une chose, dont tout le monde lui saurait gré, s'il entendait se déclarer ainsi le PROTECTEUR DU TRAVAIL.

Sous Louis-Philippe on a commencé à voir clairement, que le Gouvernement faisait une spéculation des brevets. On en aurait donné cent pour la même idée. C'était le nombre, qui faisait son affaire. C'est ce gouvernement qui, toujours à la remorque des idées anglaises, a énoncé clairement ne vouloir rien garantir. C'est le contraire qui est le vrai. Nous ne comprenons rien à un Gouvernement, qui, comme un mauvais père de famille, spécule sur ses enfants.

LE GOUVERNEMENT NE DOIT DONNER DE BREVET, QUE LORSQU'ON LUI PRÉSENTE L'APPLICATION D'UNE IDÉE NOUVELLE. TOUTE DEMANDE DE BREVET DOIT ÊTRE SOUMISE A UN EXAMEN PRÉALABLE. TOUT BREVET DÉLIVRÉ DOIT ÊTRE GARANTI DANS TOUTE L'EUROPE.

Revenons maintenant à nos concours.

Si l'on veut atteindre une grande perfection, pourquoi, à l'exemple de ce que Napoléon Ier avait commencé à faire pour l'Industrie, ne crée-t-on pas des récompenses européennes de 20,000 fr., de 50,000 fr. et de 100,000 fr.? Qu'est-ce que 100,000 fr. à partager entre les nations de l'Europe? Rien. Mais c'est considerable pour un particulier, immense pour le progrès de l'Agriculture.

Je suis cultivateur, et j'ai besoin d'une

Charrue modèle,
Herse id.
Semoir id.
Scarificateur modèle.
Rouleau id.
Houe à cheval id.
Butteur id.
Charrette id.
Tombereau id.
Carriole id.
Machine à battre modèle.
Manége id.
Tarare id.
Trieur id.
Baratte id.
Moulin à broyer les engrais modèle.
Moulin à écraser les pommes id.
Moulin à moudre le grain id.
Lave-racines id.
Coupe-racines id.
Scie circulaire id.
Pressoir id.

Brouette modèle.
Brouette à sacs modèle.
Pompe à bestiaux id.
Pompe à purin id.
Bêche et Pelle id.
Pic et Pioche id.
Etc.

A qui m'adresser? J'habite la capitale, non pas seulement de la France, mais bien de l'Europe. Je trouve tous ces instruments, mais comment sont-ils traités? Pour la plupart, c'est encore bien imparfait.

Avec le mesquin et l'étroit, qui jusqu'ici a présidé à tout, que prétendez-vous faire? Qui des hommes de réel mérite s'occupe sérieusement d'Agriculture, théoriquement et pratiquement? En France je n'ai vu jusqu'ici que deux hommes, Mathieu de Dombasle et de Gasparin. Un de mes bons amis, ancien élève de l'École polytechnique, M. ***, me disait un jour : « J'ai voulu étudier l'Agriculture. Je n'ai pu y « réussir : je n'ai pas compris. » Effectivement, pour tous les hommes véritablement instruits, l'Agriculture est à peine un art; ce n'est pas une science. Personne jusqu'ici n'en a posé les principes.

Si vous créiez des prix européens de 100,000 fr. et au besoin de 200,000 fr. pour la recherche de la culture normale des céréales, pour celle de leur conservation, pour celle de la culture normale de la vigne, des plantes fourragères, des arbres fruitiers, des arbres forestiers, de la connaissance des sols, du mode normal d'application des engrais, des assolements, et, par exemple, des causes de la maladie de la pomme de terre; si vous en créiez aussi pour la recherche de l'élevage normal des animaux, en particulier des races des Gallinacées, aquatiques, volatiles de basse-cour, lapine, caprine, porcine, bovine, ovine, asine, mulassière et chevaline, dix mille personnes intelligentes, tous les lauréats des Écoles, Lycées, Universités et Écoles Polytechniques européens se mettraient immédiatement à l'œuvre, et, EN MOINS DE CINQ ANS, VOUS FERIEZ DES MERVEILLES, ET LES PROGRÈS D'UN SIÈCLE. LA FRANCE, COEUR ET TÊTE DU CONTINENT, EST APPELÉE A FAIRE DU GRAND.

DEUXIÈME CONSIDÉRATION GÉNÉRALE. Une fois, pour ne pas rester seul de mon avis, j'acceptai d'assister à un concours cantonal. Quelle pitié! Je l'ai encore sur le cœur. On primait des charrues qui ne labouraient pas, des semoirs qui ne semaient pas, des machines à battre, auxquelles il eût fallu des éléphants pour les faire tourner, des porcs à graisse molle, des génisses élevées au biberon, sevrées à deux mois, des vaches étiques et mal faites, des moutons engraissés avec les résidus des féculeries, et aussi des chevaux lymphatiques, etc., etc. Je remarquai que presque tout le monde avait un prix; c'était juste, tout le canton était là. Il fallait bien indemniser des frais de déplacement. Les inventeurs étaient mirliflants, le vétérinaire triomphant, le président épatant.

M. le Sous-Préfet, glorieux aussi, s'épanouissait d'aise. Je fus assez heureux pour entrevoir les préparatifs du repas, ceux des verres de couleur et aussi du feu d'artifice. M. le Sous-Préfet et M. le Président du Comice tirèrent à la courte paille, à qui ferait un discours improvisé sur les progrès de l'Agriculture. C'est la peur de ce discours qui me fit immédiatement prendre la fuite, et qui me priva du bonheur de jouir jusqu'à la fin de la splendeur de cette fête et de ses augustes cérémonies.

J'en dirai à peu près autant des concours d'arrondissements et de ceux de départements. Le concours agricole de la moindre importance ne peut être qu'un concours régional. C'est sans doute pour nous guérir du petit, du mesquin et du maigre, que l'Empereur a créé ces concours. On sait qu'il a fondé pour chacun d'eux un grand prix de 5,000 fr. et qu'il a voulu que l'on décernât aussi, à titre de prime d'honneur, une coupe d'argent. Je commence à m'y reconnaître. On ne sera plus forcé de jouer aux primes et aux médailles. On ne décernera des prix qu'à ceux, qui en mériteront. LES COMICES AGRICOLES D'ARRONDISSEMENT ET DE DÉPARTEMENT DEVIENDRONT, je l'espère, par l'effet d'un décret, DES COMICES RÉGIONAUX, et ne serviront plus comme jusqu'ici à vulgariser des idées fausses.

Tout homme sérieux, qui aura vraiment en main une invention nouvelle, ou qui aura élevé un bel animal, saura toujours faire de 10 à 15 myriamètres pour les amener à la ville, qui sera presque toujours le centre de la région. Le concours régional, d'ailleurs, peut, de son côté, indemniser des frais de route. Il est important d'être débarrassé des médiocrités encombrantes, si l'on veut avancer. Curieux et inventeurs, tout le monde se transportera au concours régional. N'avez-vous pas l'intention de mettre les voies de transport pour les voyageurs et les marchandises de plus en plus à la portée de tous? Les paysans couronnés n'ont-ils pas 6 pouces de plus de hauteur? Que ces deux raisons soient votre double garantie.

Il doit exister une hiérarchie en toutes choses. Quand un instrument, un animal ou un ouvrage aura reçu au concours régional un prix, une médaille, ne fût-ce qu'une mention honorable, il aura ainsi acquis le droit de figurer au concours national.

Je sors du concours national, qui est ouvert en ce moment à Paris, aux Champs-Élysées ; ce n'est pas un concours, c'est une foire. On y voit de tout. Les gens, qui n'ont aucune notion de mécanique et de dynamique, ceux qui ont réussi à y traîner des charrues lourdes comme du plomb, ceux qui cherchent midi à quatorze heures, les éleveurs qui sont en voie de faire ressembler leurs chevaux aux vaches, en les bourrant l'été de trèfle vert et l'hiver de trèfle sec, les manchots, les boiteux, les aveugles, enfin tout le monde y figure. Ce n'est pas seulement une foire, c'est un chaos. On y est attiré de loin, repoussé de près. Le nombre de tant de choses grotesques vous lasse ; on finit par en être indisposé. La vue se trouble, la migraine vous gagne. Malheureux jury ! suis-je destiné à vous tirer de cet immense et affreux pétrin ?

Grand Dieu ! si, sur ces données, Napoléon III avait jamais l'idée de faire concourir toutes les nations de l'Europe, avec des primes de 100,000 fr. et de

200,000 fr., qui en attireraient d'autant tous les inventeurs sérieux ou non, les Champs-Élysées n'y pourraient plus suffire, dût-on les occuper, sur les deux côtés, de l'Obélisque à l'Arc de Triomphe. On serait réduit à la nécessité de demander humblement à l'Empereur l'autorisation d'abriter la queue de cette exposition dans le jardin des Tuileries, jusqu'à la hauteur du marronnier du 20 Mars.

De même qu'il faudrait au moins obtenir une mention honorable a un concours régional, pour acquérir le droit d'exposer a un concours national, de même il faudrait, pour le moins, obtenir une mention honorable a un concours national, pour acquérir le droit d'exposer a un concours européen. Telles me paraissent être les garanties à demander à l'avenir, pour éviter l'encombrement et la plus grande fatigue pour s'instruire.

Troisième considération générale. La base, l'assise, le fond d'une nation, ce sont les grandes masses, mais la partie élevée, appelée à voir de haut, conséquemment de loin, à diriger, à gouverner ces masses, ce sont les hommes choisis, désignés depuis six mille ans sous le nom d'hommes d'élite. Seulement, pour jouir des lumières de tous les hommes d'élite, il faut savoir les recueillir partout où Dieu les fait naître, c'est-à-dire dans toutes les classes. Cette aristocratie-là n'est pas dangereuse, puisque tous contribuent à la former, et que la nature la renouvelle sans cesse. En bonne règle, un jury est toujours composé ou censé être composé de tous les hommes d'élite, cette aristocratie naturelle. Voilà pour un point.

Voici pour un autre. Voir de haut, de loin, diriger, gouverner, c'est prendre l'initiative, poser des principes; c'est prévoir les embarras, les illusions, les chutes; c'est arrêter dans une voie mauvaise, pour mener dans une bonne; c'est développer, étendre les idées et en reculer les limites; c'est distinguer, discerner, élucider; c'est encourager, émanciper, entraîner. C'est là réellement être en tête, voir, conduire et gouverner. « POUR DIRIGER LES PEUPLES, disait il y a peu de temps M. GRANDGUILLOT dans le *Constitutionnel*, IL FAUT MARCHER EN AVANT, ET NE PAS SE TENIR EN ARRIÈRE. »

Jusqu'ici tous les jurys appelés à juger et à décerner les prix dans les concours se sont tenus à la remorque de l'opinion publique. Présente-t-on les idées les plus bizarres, les plus grotesques, les plus dépourvues de sens, pour peu que l'opinion publique, pour une raison ou pour une autre, par défaut de direction, tourne de ce côté, le jury tourne avec elle. Quand personne ne dirige, c'est la masse qui dirige. Combien peu de vent faut-il pour la faire tourner! Faute de l'initiative, que ne sait pas prendre le jury, voici ce que l'on voit aujourd'hui au concours national de France en 1860.

Pour mettre plus d'ordre dans nos observations, nous diviserons ce concours en deux parties très-distinctes :

I. LA MÉCANIQUE AGRICOLE,
II. LES ANIMAUX.

I. LA MÉCANIQUE AGRICOLE.

1° Les anciens fabricants des instruments d'agriculture n'employaient presque que le bois dans la construction de ceux-ci. Sans doute ils avaient tort, mais le fer était à cette époque plus rare et l'agriculture plus pauvre. Aujourd'hui que le fer est beaucoup plus commun et l'agriculture beaucoup plus riche, on n'emploie bientôt plus que le fer et la fonte, à l'exemple des Anglais. A-t-on complétement raison? Les charrues, par exemple, que l'on jugerait à l'œil être légères, sont en réalité massives et des plus lourdes. J'ai bien peur que beaucoup d'entre Messieurs les jurés n'aient jamais labouré avec; mais moi, qui dirige tous mes instruments avant de les confier à mes charretiers, je leur assure que c'est une affaire de les tourner au bout du champ. Avec ces charrues-là, véritables charrettes, on ne peut plus labourer dix heures. Est-ce là un progrès?

Aujourd'hui tous les instruments d'agriculture sont faits à peu près dans ce goût-là, à la mode anglaise; et comme vous les médaillez presque tous, presque tous les inventeurs s'en vont plus contents, mais les acheteurs restent davantage dans l'embarras.

Je ne sais pas pourquoi un concours national français se laisse encombrer de machines à battre anglaises monstrueuses et grotesques, et de toutes sortes d'inventions plus ou moins baroques de ces messieurs d'outre-mer. Le contraire me semblerait heureux. Il m'a toujours semblé que ce sont les leurs, qui devraient être encombrés des nôtres.

2° Autrefois, on ne conduisait qu'une charrue à la fois, et on la faisait aussi légère que possible. Aujourd'hui, on en grimpe une sur celle, qui est en train de marcher. Celle qui est juchée ainsi a la tête en bas et les pieds en l'air. C'est des plus disgracieux, et, de plus, le poids est double. On donne une médaille d'or à ce genre de charrue-là. C'est embarrassant. Je ne pensais pas que ce fût là une idée heureuse.

3° En voyant placer des petits tuyaux appelés *drins*

en anglais, un paysan me disait un jour : Qu'est-ce que cela? Est-ce pour écouler de l'eau? un rat les boucherait. Le paysan y voyait plus clair que les jurys de cette époque-là. L'expérience est venue lui donner raison. Les tuyaux de drainage anglais s'obstruent :

1° Par des dépôts calcaires;

2° Par des dépôts ferrugineux ;

3° Par des dépôts de sable très-fin, qui passe à travers les joints des tuyaux ;

4° Par les racines des plantes pivotantes;

5° Par les racines des arbres ;

6° Par la naissance de certains végétaux ;

7° Par la naissance de certains vers de terre ;

8° Par leur simple déplacement, pour peu qu'ils se dérangent, etc., etc.

Du temps de Socrate, on faisait, je crois, du drainage; mais, du temps des Romains, il est certain qu'on en faisait. Celui-là dure encore. Celui des Anglais, dans beaucoup de localités, dure dix ans. Il a encore l'avantage de donner beaucoup moins d'eau, conséquemment d'assainir beaucoup moins que tout autre mode de drainage. Le mérite réel des Anglais est d'avoir attiré l'attention sur des moyens d'assainissement, dont on ne tenait pas assez compte : mais, en fait de mode de drainage, leur manque de génie les a conduits à inventer celui de tous qui devait présenter le moins d'avantages et le plus d'inconvénients.

Le Gouvernement a voté 100,000,000 pour le plus mauvais des drainages connus. Espérons que, d'ici peu, il sera mieux renseigné. Les jurys auraient bien pu, en ouvrant un peu plus les yeux, éviter à tant de monde de bonne volonté tous les mécomptes qu'a donnés le drainage anglais.

4° On croit aujourd'hui, sous l'influence des idées anglaises, que la mécanique doit donner la solution de tous les problèmes : on veut faire tout à la mécanique. C'est là une erreur. Il y a deux sortes de problèmes. Les uns sont destinés, de toute éternité, à être résolus à la mécanique, les autres ne sauraient l'être jamais que par la main. La mécanique est aveugle, conséquemment brutale ; la main est clairvoyante, conséquemment intelligente. Aujourd'hui, personne ne fait de ces distinctions-là. Prenons un exemple :

On s'occupe beaucoup des faucheuses. Il y a dans ces instruments deux opérations distinctes : FAUCHER ET DISPOSER LA JAVELLE. Aucun de ces messieurs les inventeurs ne semble se douter qu'il y ait tous les ans, et cela en grande quantité, des blés qui ne sont pas parfaitement droits, couchés à 45 degrés, ou brouillés par les vents dans tous les sens, ou tournés en roses. Je ne parle pas ici des blés versés, et à plus forte raison de ceux qui, étant plaqués, ne sont pas fauchables, même à la main, mais seulement faucillables. On fauche, ou, pour parler plus exactement, on scie par des procédés qui ne sont pas convenables, et de plus, on veut, du même coup et toujours par la mécanique, parfaire la javelle. Posé ainsi, ce problème me paraît faux. On doit arriver un jour à bien faucher le blé par la mécanique, et à le bien disposer par terre en nappe; mais la disposition et la perfection de la javelle rentrent, selon moi, dans les travaux, qui ne peuvent être jamais bien faits qu'à la main.

La perfection de la javelle est des plus importantes pour la perfection du battage des grains. On n'y fait pas assez d'attention. Dans la nature, un travail se lie toujours à celui qui suit. Il y a des machines qui non-seulement disposent très-imparfaitement la javelle, mais encore égrènent en marchant, et battent ainsi le blé à l'avance.

Aujourd'hui, le battage des grains par les machines à battre se fait avec une perfection dont la main ne peut pas approcher. Je crois que, dans le plan de la création, le grain est destiné à être séparé de sa paille par des procédés mécaniques; mais s'il y a des problèmes dont la solution ne peut être donnée que par la mécanique, il en est d'autres, sans doute, dont la solution ne saurait être donnée que par la main.

5° Les faneuses rendront des services dans l'avenir pour le premier étendage des foins ; mais aujourd'hui les prairies sont morcelées, et ne sont pas disposées par rectangles réguliers; leur avantage est douteux. Elles rendent des services pour les prairies artificielles. Le premier étendage des foins naturels ou artificiels doit être une opération purement mécanique; mais tous les autres frais de fanage, jusqu'à la mise en meulons, seront éternellement faits à la main.

II. LES ANIMAUX.

Dans la création, tout est hiérarchisé. Il y a donc une hiérarchie dans les animaux. Nous ne nous occuperons ici que des races porcine, bovine, ovine et chevaline. Voici le rang qu'elles me semblent occuper entre elles :

1° RACE CHEVALINE.
2° RACE OVINE.
3° RACE BOVINE.
4° RACE PORCINE.

Commençons par la plus inférieure, la race porcine; en partant de cette race, nous remonterons la hiérarchie jusqu'à la race chevaline.

RACE PORCINE. J'avais cru jusqu'ici qu'il y avait DANS TOUTES LES OEUVRES DE LA CRÉATION UN RAPPORT DE LA QUALITÉ A LA QUANTITÉ, que chacun devait respecter, sous peine de présomption et de vanité folle de chercher à faire mieux que Dieu lui-même. Je vois bien que l'on pousse à la quantité et à la précocité d'engraissement de la viande; mais la qualité s'en trouve-t-elle du même coup améliorée? N'est-ce pas au détriment de la qualité que l'on a obtenu tant en quantité et en graisse? D'ici peu d'années, un porc ne sera autre chose qu'un rectangle cube de viande et de lard commun. Avant de couronner et de médailler, s'est-on bien rendu compte du degré de vitalité de l'animal, de l'énergie de son organisation, de sa facilité à se nourrir? A-t-on goûté la viande, constaté son goût, bon ou non? S'est-on assuré que le lard s'en conserve mieux ou plus mal? A-t-on examiné la qualité de la peau, des soies, etc.? Ne pourrons-nous, dorénavant, tout voir presque qu'à un seul et unique point de vue, celui du mètre cube engraissé de viande? Est-ce là un progrès?

On va plus loin, on désirerait que le porc n'eût

presque pas d'os. Ne sent-on pas cependant que la charpente osseuse doit exister dans l'animal dans un rapport donné de densité et de volume, avec le poids de viande qu'elle doit porter? Quel esprit étroit de système !

Mais si l'on pousse tant à la quantité, comment se fait-il que l'on n'a pas encore cherché à créer une race de truies très-fécondes, qui puisse donner en moyenne de dix à douze petits? Cette fois on rentrerait ainsi dans les limites du plan de la création. DANS LA NATURE, LES ESPÈCES ANIMALES, COMME LES ESPÈCES VÉGÉTALES, SONT D'AUTANT PLUS FÉCONDES, QU'ELLES RÉPONDENT AUX BESOINS D'UN PLUS GRAND NOMBRE. Du moins, cette voie à parcourir porterait plus de fruits.

Les idées du maréchal de Vauban étaient plus saines que celles d'aujourd'hui. On sait que Vauban avait calculé qu'en partant de la deuxième année d'une truie donnant 6 cochons mâles et femelles, et chacune de ces femelles, en moyenne également 3 mâles et 3 femelles, en ne comptant que les femelles, on obtiendrait, au bout de onze ans, 3,217,419 femelles, et en mâles et femelles, déduction des maladies et accidents,

6,000,000 DE COCHONS.

Une truie du comté de Leicester donna 355 petits, qu'elle avait mis bas en vingt portées, soit en moyenne par chaque portée plus de 17 petits. Puisque l'on ne sait aujourd'hui voir les choses que sous une face, LA FÉCONDITÉ DE LA RACE PORCINE EST certainement CELLE, QUI NOUS PARAÎT LA PLUS DIGNE D'ATTENTION DANS CETTE RACE.

RACE BOVINE. Avant de parler de la race bovine, posons d'abord quelques principes :

PREMIER PRINCIPE. TOUT ÊTRE, COMME TOUTE CHOSE, AYANT ÉTÉ CRÉÉ POUR UNE DESTINATION, SINON SPÉCIALE, AU MOINS PRINCIPALE, AVANT DE SE RENDRE COMPTE DES QUALITÉS D'UN ANIMAL, IL FAUT CHERCHER A DISTINGUER CLAIREMENT LA RAISON, POUR LAQUELLE LA NATURE L'A CRÉÉ, OU LE BUT DE SA DESTINATION PRINCIPALE.

DEUXIÈME PRINCIPE. DANS LA PÉRIODE DE CROISSANCE D'UN ANIMAL QUELCONQUE, LE CHYLE RÉSULTANT DES ALIMENTS QU'IL DIGÈRE, EST ABSORBÉ PAR SON ORGANISATION DANS LE SEUL BUT DE SON DÉVELOPPEMENT.

LA CROISSANCE SE DIVISE EN TROIS PÉRIODES TRÈS-DISTINCTES :

LA CROISSANCE EN HAUTEUR ;
ID. EN LARGEUR ;
ID. EN PROFONDEUR.

A L'EXPIRATION DE LA TROISIÈME PÉRIODE, L'ANIMAL

ENTRE DANS L'AGE DE LA MATURITÉ. A CET AGE SEULEMENT, IL EST COMPLET, ET DONNE TOUS SES FRUITS ET BÉNÉFICES. PASSÉ CET AGE, IL ENTRE DANS LE DÉCLIN DE SA VIE. LES FORCES VITALES AYANT COMMENCÉ A DÉCROÎTRE, SON ORGANISATION RÉSISTE MOINS, ET SE PRÊTE AINSI, POUR LES ANIMAUX DE BOUCHERIE, A L'ENGRAISSEMENT. Telle est la loi du développement normal de l'animal.

TROISIÈME PRINCIPE. DE TOUTES LES PÉRIODES, LA PLUS IMPORTANTE, LA PLUS PRÉCIEUSE, LA PLUS DIGNE DE TOUS NOS SOINS, DANS L'ANIMAL COMME DANS LE VÉGÉTAL, EST CERTAINEMENT LA PÉRIODE DE LA PREMIÈRE ENFANCE.

TOUT NOURRISSON DOIT TETER SA MÈRE, PENDANT TOUT LE TEMPS, QUE LA NATURE A JUGÉ NÉCESSAIRE POUR LA DURÉE DE L'ALLAITEMENT.

QUATRIÈME PRINCIPE. LA PREMIÈRE SYNTHÈSE, DONNÉE PAR LA NATURE DANS LA CONFORMATION D'UN ANIMAL QUELCONQUE, DOIT TOUJOURS ÊTRE RESPECTÉE.

CINQUIÈME PRINCIPE. DANS LA NATURE, AUCUNE OEUVRE NE SAURAIT ÊTRE CONSIDÉRÉE A UN SEUL POINT DE VUE. TOUTES LES OEUVRES DE DIEU SONT COMPOSITES, MULTIPLES, AUCUNE SIMPLISTE. CRÉER UNE SEULE CHOSE, UN SEUL ÊTRE POUR UN SEUL BUT, AURAIT ÉTÉ POUR LE CRÉATEUR DONNER UNE PREUVE DE PAUVRETÉ. CRÉER TOUTES CHOSES OU CHACUNE D'ELLES POUR DES FINS DI-

VERSES ET MULTIPLES, EST ÉVIDEMMENT NOUS EN DONNER UNE DE SA RICHESSE ET DE SA PUISSANCE. TOUTES CES FINS DIVERSES INFLUENT LES UNES SUR LES AUTRES, OU, COMME L'A FAIT OBSERVER FOURIER, S'ENGRÈNENT LES UNES DANS LES AUTRES. IL EST DONC NÉCESSAIRE DE CHERCHER A LES CONNAITRE TOUTES, AFIN DE CONSERVER L'HARMONIE, QUE LA NATURE A ÉTABLIE ENTRE CHACUNE D'ELLES.

Voilà cinq principes d'une grande simplicité, et qui paraîtront à mes lecteurs, je l'espère du moins, d'une clarté aussi évidente.

A leur lumière, examinons la race bovine de notre concours national :

DÉVELOPPEMENT DU PREMIER PRINCIPE. La destination principale de la race bovine est de nous nourrir. Elle n'a pas reçu du Créateur la mission de nous aider dans nos travaux. Si elle avait été destinée à en être la compagne, Dieu lui aurait donné plus d'intelligence, comme au chameau, à l'éléphant, au cheval, au chien, au faucon, etc. Dans tous les pays où le bœuf ou la vache charrie ou laboure, les conducteurs, forcés de se mettre en harmonie avec les animaux qu'ils conduisent, deviennent plus lents de démarche et moins intelligents. C'est un fait, que j'ai partout observé. Malgré l'économie que l'on trouve, comparativement au cheval, tous les pays dont la culture se perfectionne, à très-peu d'exceptions près, abandonnent le bœuf pour le cheval. Pourquoi tout charretier se réjouit-il quand il quitte ses bœufs pour des chevaux; pourquoi pleure-t-il quand il est obligé d'abandonner ses chevaux pour des bœufs? C'est encore un fait, qui ne souffre pas d'exception. Pourquoi, enfin, pour pouvoir atteler ou labourer, êtes-vous forcés de castrer vos taureaux? Castrer, c'est mutiler, diminuer la vie, rendre laid ce que la nature a fait beau. Vous conduisez des animaux, sinon malades, au moins malingres, à formes flasques, à l'œil fixe et terne. Vos bœufs ont perdu tout leur bouquet, tout leur cachet, toute leur dignité, toute leur noblesse. Que voulez-vous de plus? La race bovine n'a pas été destinée à être la compagne de nos travaux. Sous ce rapport, nous n'aurons pas à l'examiner davantage.

DÉVELOPPEMENT DU DEUXIÈME PRINCIPE. Les horticulteurs demandent à ce qu'un arbre porte des fruits, et cela même en abondance, avant que l'arbre n'ait fait sa croissance, et atteint son développement normal: c'est de tout point déraisonnable. L'abondance des fruits correspond au milieu de la période de maturité de l'arbre. Ne reconnaissant aucune loi dans la nature, ils tourmentent l'arbre, et se sont imaginés de le tailler sans cesse, pour faire tourner, disent-ils, la séve qui le ferait grandir en bois, en séve qui le fera porter des fruits. Ils gagnent un peu de temps pour perdre dix fois plus, que la valeur de ce temps, en abondance réelle, en quantité et qualité des fruits, en grandeur et en majesté de l'arbre, en vigueur et en santé.

Les éleveurs des fameux Durhams sont à peu près de cette force-là. Ils font tous leurs efforts pour que le bœuf et la vache engraissent, tout en grandissant, pour pouvoir le tuer à 3 ou 4 ans; et vous d'applaudir. Mais, si l'animal doit être tué, conséquemment engraissé à 3 ou 4 ans, vous menez droit au dépeuplement de la race bovine, car c'est de 2 ans et demi à 8 ans et demi que cette vache peut vous donner 7 veaux. Avec vos théories, je ne dirai pas borgnes, mais complétement aveugles, par chaque vache vous pourrez avoir en moyenne 2 veaux, quand l'agriculture française en a donné jusqu'ici 7. Méditez cette observation: elle en vaut bien une autre.

L'engraissement est une sorte de maladie factice, une évolution vers l'organisation lymphatique prononcée. Il faut, pour engraisser, que le système nerveux et sanguin s'efface. C'est dans la période de développement que les systèmes nerveux et sanguin sont dans toute leur énergie. Or, c'est au milieu de cette période, où toute l'organisation, je le répète, est et doit être énergie, que vous demandez à l'animal de posséder en même temps la faculté d'engraisser, c'est-à-dire de laisser se débiliter, à cette heure, cette même organisation énergique. Il est bien certain que les Anglais n'ont jamais su ce que c'était que d'améliorer; et, pour être juste, je dois reconnaître, ce dont je suis convaincu depuis longtemps, que personne, aujourd'hui, ne raisonne aussi mal qu'eux, dont vous avez voulu faire votre modèle en tout.

Développement du troisième principe. Les mamelles sont probablement données à la vache pour nourrir son veau. Rien dans la nature n'indique, comme loi générale, qu'avec du lait nous dussions faire du beurre. Quand vous ne voulez pas élever, faites du beurre; mais, quand vous élevez, pour Dieu! ne sevrez pas votre veau à deux mois, quand la nature, elle, a assigné une durée d'au moins sept mois pour l'allaitement. On ne voit presque pas non plus de vaches, qui aient teté. On fait biberonner les veaux dans un seau. Sous ce rapport, je ne sais pas quel bien j'ai à en dire.

Avec de l'huile d'olive fine, on fait de la cuisine souvent plus délicate qu'avec du beurre. Tôt ou tard, l'huile obtenue par la première pression des olives, dans bien des cas, remplacera le beurre. Je comprends bien que l'on fasse du beurre, mais seulement, dans le cas, où l'on veut réduire sous cette forme le lait du veau mâle, que l'on ne veut pas élever. Mais faire du beurre avec le lait de la vache, qui a donné un veau femelle, et élever ce veau, c'est consommer en beurre ce que la nature voulait qui fût consommé plus tard en viande, en laissant teter le veau à cette heure. Et, comme la nature a toujours raison, il y a gros à parier que, sous prétexte de beurre, nous perdons en viande trois fois la nourriture que nous trouvons dans celle du beurre. Les animaux ne viennent pas au monde pour être privés, dès leur plus tendre enfance, d'une nourriture indispensable et des plus précieuses pour leur développement.

Pour être juste, disons que ce reproche peut être tout aussi bien adressé aux éleveurs français, qu'à ceux de la race soi-disant améliorée de la Grande-Bretagne.

Développement du quatrième principe. Un jour que je passais dédaigneusement vis-à-vis les vaches anglaises Durhams, de notre concours national, je rencontrai Mme G***, avec sa charmante petite fille. Après les saluts d'usage, Mme G*** me demanda de lui montrer les plus beaux animaux de cette exposition. Sortons alors d'ici, lui dis-je ; je vais vous montrer ce que nous ont envoyé l'Orne, le Calvados et la Manche. Je lui fis admirer tous les taureaux et vaches de la race normande pure; et combien, en effet, n'étaient-ils pas admirables! Nous vîmes la fameuse vache de cinq ans de M. Jules Bastard, de Fontaine-Henri, canton de Creuli (Calvados), auquel on avait avec raison décerné le premier prix ; celle de M. Leluc, à Crisenoy (Seine-et-Marne) ; celle de M. Bourdin, à Moissy-Cramayel (Seine-et-Marne) ; celle de M. Leroux, à Hécourt (Oise); la génisse bringée de M. Manoury, près Caen, 1er prix; le jeune taureau blanc-caille, également de M. Manoury, près Caen, 1er prix ; celui de M. Aubry, à Macé (Orne), 2me prix ; celui de M. Houssin de Saint-Laurent, au Guislain (Manche), 3me prix. Parmi les taureaux de la grande race, je fis remarquer celui de M. Letartre, à Thivars (Eure-et-Loir); celui de M. Camus, à Voinsles (Seine-et-Marne); et celui de M. Leroux, à Hécourt (Oise), auquel on avait donné une mention honorable. Tous ces animaux étaient superbes, et beaucoup d'autres de la même race presque également beaux. Maintenant que je vous ai montré des types et des modèles, dis-je à Mme G***, retournons aux Durhams, et veuillez, je vous prie, en les considérant avec attention, me donner votre avis.

Au bout de peu d'instants, Mme G*** me dit : « Ils me paraissent lymphatiques, et tourner à la forme du porc. Bravo! lui dis-je, madame, bravo! c'est tout à fait cela : vous êtes plus intelligente que le jury.

Les Anglais ont cru faire des merveilles en accouplant constamment entre eux des animaux à poitrine large avec le train postérieur également large. Le développement du ventre avait aussi son importance et ses rapports d'harmonie avec le train antérieur et postérieur; mais ceux-là ils les ont négligés. Aujourd'hui leurs Durhams n'ont plus la forme, l'harmonie du dessin et des contours, en un mot, le cachet, que le Créateur avait entendu donner à la race bovine. Les Durhams tournent à une sorte de rectangle cube de chair lymphatique, monté sur quatre pattes. Ce n'est plus là ce que Dieu avait créé.

Développement du cinquième principe. Dans la création, on ne saurait envisager avec raison tel animal que ce soit à un seul point de vue. Tous ont reçu une destination multiple et non simpliste. Leur perfection ne peut consister qu'à répondre parfaitement et à la fois à la diversité des points de vue ou des besoins, pour lesquels Dieu les faits. Nous sommes donc ici loin de compte avec les Anglais. Puisqu'il s'agit ici particulièrement de la race bovine, voici ce qu'il me paraît désirable de rechercher en elle :

1° Une grande vigueur et rusticité en harmonie avec les végétaux qui lui sont destinés;

2° Un caractère doux, quoique énergique;

3° Une ossature ni trop grande ni trop petite, et toujours en rapport avec la masse de chair, qu'elle est destinée à porter;

4° Une grande beauté et harmonie dans chacune de ses formes;

5° Une faculté très-forte de digestion, ce qui ne peut s'obtenir que par la durée d'un allaitement à la mamelle, correspondant au vœu de la nature;

6° Une chair serrée et d'un goût accusé ou fin;

7° Une faculté d'engraisser, nulle dans le jeune âge, modérée dans l'âge mûr;

8° Une graisse ferme, blanche et de bon goût;

9° Une faculté de reproduction régulière et constante;

10° Des mamelles suffisamment développées, remplies d'un lait butyreux;

11° Un cuir serré, souple et durable;

12° Des cornes d'une grandeur moyenne.

Faisons donc passer le fameux Durham à la filière de cette philosophie agricole, nous verrons ce qu'il en restera :

1° La première condition pour tel animal que ce soit, est évidemment d'être vigoureux.

Le Durham, de l'aveu même de M. Delafond, aujourd'hui directeur de l'école d'Alfort, est délicat et mou. Voici comment s'exprime M. Delafond, dans son rapport fait à la Société impériale et centrale d'agriculture sur le concours régional de Saint-Lô, en 1859 :

« On avait manifesté des craintes, dit M. Delafond, « sur la question de savoir, si les bœufs Durham-« Cotentins, d'une nature DÉLICATE, d'un tempérament « PEU ROBUSTE, et dont les membres fins sont terminés « par des ongles peu gros, formés d'une corne mince « et peu dure, pourraient être utilisés avec avantage « au travail avant leur engraissement; mais cette « question paraît être résolue par l'affirmative. Le

« bœuf Durham-Cotentin paraît supporter sans souffrir « des pieds le travail au labour et aux charrois, PEU « PÉNIBLES D'AILLEURS, auxquels sont soumis, dans « le plus grand nombre des circonstances, les bœufs « du Calvados et de la Manche. »

Comme les Cotentins ne sont nullement délicats, évidemment cette délicatesse des Durham-Cotentins ne peut provenir que du croisement avec le Durham. M. Delafond, d'ailleurs, avoue le peu de rusticité de cette race dans un autre passage de ce rapport :

« Les éleveurs de la basse Normandie, dit-il, ad« mettraient même les Durhams pour le travail, bien « que leur CONSTITUTION soit MOLLE, leurs ongles fort « tendres, s'usant promptement et difficiles à chausser ; « mais,...... etc. »

2° Nous avons demandé un caractère doux, quoique énergique.

Le Durham est doux de caractère ; mais il est doux, parce qu'il est mou. C'est la mollesse de sa constitution, qui détermine sa douceur. Rien que le son rauque de sa poitrine l'indique. Ce n'est donc pas là ce que nous demandons.

3° Une ossature ni trop grande ni trop petite, etc.

La charpente osseuse du Durham est devenue un peu grêle, et doit contribuer, pour sa part, au peu d'énergie de sa constitution. Il est de toute évidence, pour tout homme sensé, que l'ossature doit être dans un rapport mathématique déterminé de poids et de volume avec la masse de chair, qui s'appuie sur elle. Ce n'est pas en la rendant de plus en plus petite, que l'on peut faire progresser la race bovine.

4° Une grande beauté et harmonie dans chacune de ses formes.

Nous avons déjà dit que le développement exagéré du train antérieur et postérieur, sans tenir compte de celui de l'abdomen, qui doit être en harmonie avec les deux, détruisait l'ensemble du rapport harmonique des formes, tel que la nature avait voulu l'établir. Il eût fallu d'abord rechercher, et étudier sur nature le beau idéal de chacune d'elles. Les Anglais ont chez eux un exemple de la recherche de cet idéal, et de la réunion des formes les plus idéalisées dans un seul et même animal. En 1835, le gouvernement anglais confia au talent de Mathieu Cotes Wyatt, artiste et sculpteur, le soin d'élever à Londres une statue équestre de Georges III. Cotes Wyatt avait un sentiment profond du beau idéal des formes du cheval. Cette statue équestre (je ne parle pas ici de la statue de Georges III, mais seulement de celle du cheval), est de tout point, sans comparaison avec aucune autre statue de cheval connue, un véritable et très-remarquable chef-d'œuvre. Pourquoi les Anglais n'ont-ils pas fait de même à l'égard de la race bovine? Ils auraient un type, un modèle dont ils auraient cherché à se rapprocher.

Puisqu'un homme distingué comme M. Delafond, qui a étudié avec soin l'espèce bovine, aujourd'hui directeur de l'école d'Alfort, ne prend pas l'initiative pour revendiquer la supériorité de la race normande pure sur la race Durham, à titre de simple cultivateur, je la prends ici en son lieu et place.

Le Durham est laid. La synthèse des diverses parties de sa conformation est mal faite. Il est sans grâce et sans cachet. Ses formes sont droites, flasques et molles. Son corps paraît comme soufflé, gonflé. Son jarret est souvent empâté. Son œil est petit, mort et sans intelligence. Il semble qu'on lui a donné la pépie

A première vue, on voit bien que le Durham a peu de santé et d'énergie. Son pelage, loin d'être brillant, plaisant à l'œil, varié de dessin et de couleur comme celui du Normand, est au contraire terne, triste et uniforme. On voit bien que la vie ne se joue pas dans le Durham. La nature se plaît au contraire à la montrer comme à l'aise dans le Normand; elle se réjouit d'animer les beaux animaux de ces gras pâturages, en peignant leur pelage des couleurs les plus heureuses, les plus vives et les plus variées. Le Durham, bien évidemment, manque de vie. En deux ou trois coups de corne, nos taureaux normands éventreraient les taureaux Durham.

5° Une faculté très-forte de digestion, etc.

M. Delafond nous avoue que la constitution du Durham est molle et délicate, ce qui revient à dire qu'il est plus difficile sur la nourriture que tout autre. Tout le monde sait que le Durham ne peut s'entretenir convenablement qu'avec une nourriture forte et succulente. En voici la raison, c'est que LES ALIMENTS PROFITENT AUX ANIMAUX, EN RAISON DIRECTE DE L'ÉNERGIE DE LEUR CONSTITUTION. Or, comme le Durham a une constitution molle et délicate, il lui en faut davantage et des meilleurs. On a dit du cheval boulonnais, que c'est un coffre à avoine, on peut dire du Durham, que c'est un grenier à foin.

J'ai déjà dit ce que je pensais de l'indispensable nécessité où l'on était, pour obtenir toute l'énergie désirable de constitution, d'allaiter la race bovine à la mamelle, comme toutes les autres races, pendant tout le temps que la nature avait jugé nécessaire pour l'allaitement. Je n'y reviendrai pas.

6° Une chair serrée, et d'un goût accusé ou fin.

La chair du Durham pur est-elle aussi serrée et d'un goût aussi accusé ou fin que celle du Normand pur? Je manque d'éléments suffisants pour répondre ici d'une façon péremptoire. Mais je dirai *à priori* que la chair d'un animal lymphatique ne peut pas être aussi serrée que celle d'un animal qui ne l'est pas, et aussi *à priori* que LE GOUT D'UNE VIANDE, TOUTE CHOSE ÉTANT ÉGALE DANS LA NOURRITURE, DOIT S'ACCUSER EN RAISON DIRECTE DE LA VITALITÉ DE L'ANIMAL. Or, comme M. Delafond nous assure que la constitution du Durham est molle, sa viande ne peut pas être serrée, et comme il a peu de vie, le goût de sa viande ne doit pas être aussi accusé ou aussi fin que celle du Normand.

Comme la plus forte restauration ne saurait être fournie que par la viande, et que la restauration de la viande est bien évidemment en raison directe de la vitalité de l'animal, on voit combien le plus ou moins de vie dans l'animal joue un rôle important dans l'alimentation. Le goût des viandes doit être un des indices dont la nature se sert, pour nous en faire reconnaître leur plus ou moins de restauration.

7° Une faculté d'engraisser, nulle dans le jeune âge, modérée dans l'âge mûr.

J'ai déjà dit pourquoi il fallait que la faculté d'engraisser fût nulle dans le jeune âge ; il me reste à expliquer ici pourquoi il faut qu'elle soit modérée, dans l'âge mûr.

L'engraissement est une sorte de maladie factice, donnée par le choix de différents aliments, tous plus ou moins débilitants et laxatifs. Si l'animal, arrivé à l'âge mûr, a conservé encore une constitution nerveuse, sèche et trop énergique, sa constitution résistera à la sorte de maladie, que l'on veut lui donner, ou, en d'autres termes, il engraissera difficilement : si, au contraire, il engraisse en trop peu de temps ou trop facilement, c'est que sa constitution a été molle toute sa vie, et pas assez énergique. Comme tant d'autres produits de la nature, la graisse doit avoir une plus grande qualité, lorsqu'elle a mis un temps moyen à s'accumuler dans les tissus. On voit donc que ce que l'on doit rechercher dans un animal est une sorte de juste-milieu ou de faculté modérée d'engraissement. Saurons-nous revenir à des moyennes raisonnables, à une époque où, nous traînant sur la trace des Anglais, nous nous jetons à tout propos, et tête baissée, à leur exemple, dans presque tous les extrêmes?

8° Une graisse ferme, blanche et de bon goût.

La graisse du Durham est-elle aussi ferme, aussi blanche et d'un goût aussi accusé ou aussi fin que celle du Normand? Il est bien permis d'en douter, quand on voit tant d'autres avantages en faveur du Normand contre le Durham.

9° Une faculté de reproduction régulière et constante.

Je n'ai pas besoin d'insister sur l'importance de cette faculté. Il suffit de l'énoncer, pour que tout le monde en soit convaincu; mais j'appellerai toute l'attention de mon lecteur sur cet aveu de M. Delafond, qui, j'espère, ouvrira les yeux :

« Les éleveurs de la basse Normandie, dit M. Dela-
« fond, repoussent les Durhams purs :

« 1° Parce que cette race a été tellement perfec-
« tionnée pour l'engraissement, qu'on a RENDU TRÈS-
« VARIABLE et même TRÈS-SENSIBLEMENT DIMINUÉ LA
« FACULTÉ LAITIÈRE PRIMITIVE, dont certaines familles
« étaient naturellement douées.

2° Parce que L'ÉLEVAGE DES GÉNISSES est le sujet de
« GRAVES PRÉOCCUPATIONS à l'égard de la conception.

« C'est qu'en effet les PARTISANS FROIDS, SÉRIEUX
« ET RATIONNELS de la race Durham avouent, et M. de
« Sainte-Marie, qui a importé la race Durham de
« l'Angleterre, et qui a contribué beaucoup à l'accli-
« mater et à la répandre en France, admet que :
« Beaucoup de génisses, LES DEUX TIERS ENVIRON, NE
« CONÇOIVENT QU'ENTRE VINGT et VINGT-QUATRE MOIS,
« et que d'autres NE RETIENNENT QU'A VINGT-SEPT,
« VINGT-HUIT MOIS, TRENTE MOIS ET QUELQUEFOIS MÊME
« DÉPASSENT TROIS ANS; CIRCONSTANCES DÉFAVORABLES,
« qui TIENNENT FRÉQUEMMENT A L'EMBONPOINT, que ces
« jeunes femelles acquièrent, malgré le régime presque
« diététique, auquel on les soumet dès l'âge de quinze
« à seize mois, quand on les voit trop disposées à
« prendre de la graisse; que, dans quelques cas, la
« cause de cette INFÉCONDITÉ est INEXPLICABLE (pardon!
« au contraire très-explicable), et que, dans d'autres
« cas, ces jeunes femelles AVORTENT ASSEZ FRÉQUEM-

« MENT (1). » Ces FAITS, qui ont été CONSTATÉS EN « ANGLETERRE, ont AUSSI été OBSERVÉS SUR LES VACHES « IMPORTÉES en France. IL FAUT LE RECONNAITRE, ce « sont assurément ces conditions défavorables, à sa- « voir : LA VARIABILITÉ DE LA SÉCRÉTION DU LAIT ET « DE LA DURÉE DE LA LACTATION entre chaque partu- « rition, L'INFÉCONDITÉ TROP COMMUNE DES GÉNISSES « et LA FRÉQUENCE DES AVORTEMENTS, qui, jusqu'à « présent, ont été les motifs principaux, qui ont éloigné « les éleveurs de la basse Normandie de la race de « Durham pure, surtout ceux d'entre eux, qui se « livrent tout à la fois à la spéculation de la production « du beurre et de l'élevage de génisses destinées aux « agriculteurs et aux nourrisseurs des départements « voisins de la Capitale. » (DELAFOND, rapport précité.)

Faut-il s'étendre sur de si grands avantages de la race Durham? Comment tuer à 4 ans des bêtes, qui quelquefois ne sont pas pleines à 3 ans et demi, et qui d'autres fois mourraient, avant d'avoir pu seulement se reproduire une seule fois?

---

(1) De la race bovine courte-corne améliorée, dite race de Durham, par M. Lefebvre-Sainte-Marie, ouvrage publié par ordre de M. le ministre de l'agriculture, année 1859, pages 185 et 188.

Est-ce que vous ne marcheriez pas ainsi au dépeuplement de la race, si les paysans ne vous résistaient pas? Vantez donc vos Durhams, Messieurs les jurés! couronnez-les dans vos concours! Vous méritez aussi, à cet égard, une médaille pour votre aveuglement.

Néanmoins, après des aveux aussi importants, à la fin de son rapport, fait à la Société impériale et centrale d'Agriculture, M. Delafond n'a pas la force de conclure en faveur du Normand contre le Durham. Voici ses propres expressions :

« Dans cet état de choses, ne sommes-nous pas « autorisés à dire aux éleveurs bas normands : Con- « servez bien pure votre race bovine cotentine; mais « efforcez-vous de plus en plus de l'améliorer par « elle-même, en lui maintenant sa faculté laitière et « beurrière, qui, jusqu'à ce jour, a été pour vous la « source de beaux bénéfices; efforcez-vous aussi de « lui faire acquérir plus de précocité et d'augmenter « son rendement en viande de première qualité.

« Mais, si dans un temps qui n'est peut-être pas « éloigné, il vous est mieux démontré encore qu'au- « jourd'hui, que le croisement avec une race précoce « doit augmenter les bénéfices, que vous obtenez avec

« l'industrie laitière et lucrative que vous exploitez, « alors n'hésitez plus, infusez du sang Durham dans « celui de votre race améliorée ; le mélange n'en sera « que plus intime et plus profitable, et vous pourrez « ainsi faire marcher ensemble deux industries, qui, « sans augmenter le budget des dépenses, grossiraient « celui des recettes. »

Quand une race, telle que celle du Durham, est décidément inférieure par toutes les raisons, que nous avons énoncées ci-dessus, on n'a pas acquis le droit de donner le conseil d'en infuser le sang dans une race, qui lui est supérieure.

10° Des mamelles suffisamment développées, remplies d'un lait butyreux.

On a fait grand bruit du système Guénon. M. Guénon n'a vu dans la vache que la production du lait, comme les Anglais, de leur côté, n'ont vu que la production de la viande. Le lait sans doute a une valeur; mais la principale destination du lait étant de nourrir le veau, et non de faire du beurre, le système de M. Guénon n'a pas la valeur qu'on lui a attribuée. Si la vache a une plus grande quantité de lait, son lait est le plus souvent plus aqueux, et moins butyreux; si cette quantité est moins grande, le lait est le plus souvent plus butyreux et moins aqueux. Dans tous les cas, il n'en est pas toujours ainsi; mais, quand la vache a dans la production de son lait quantité et qualité, elle est presque toujours très-maigre, très-dure d'engraissement, et n'a aucune valeur pour la boucherie. Nous ne voyons donc pas clairement ce que l'on gagne à chercher ou à exagérer une qualité, pour perdre complétement l'autre. Aujourd'hui nous ne voulons plus considérer les choses, que sous un seul point de vue; mais LA NATURE, ELLE, LES VOIT TOUJOURS POUR TOUTES LES FINS, POUR LESQUELLES ELLE LES A FAITES; ELLE N'A PAS L'ESPRIT DE SYSTÈME, ELLE EST COMPOSITE, MULTIPLE DANS SES VUES ET NON SIMPLISTE, et n'en juge pas ainsi. Le jour, où vous auriez créé une race exclusivement laitière, vous auriez une race étique, probablement phthisique et poitrinaire.

11° Un cuir serré, souple et durable.

Nous n'avons que peu de choses à dire ici. COMME EST L'ANIMAL, COMME EST SA VIANDE; COMME EST SA VIANDE, COMME EST SON CUIR. LA NATURE N'EST QU'HARMONIE. Si l'animal a une grande vitalité, conséquemment la perspective de longs jours, son cuir aura nécessairement une longue durée.

12° Des cornes d'une grandeur moyenne.

On retrouve l'abâtardissement du Durham jusque dans le peu de développement, l'amincissement et l'amaigrissement de ses cornes. A les bien considérer, on y voit quelque chose de malingre et de chétif dans le dessin, et jusque dans la pâleur du jaune, qui les teint. Ce ne sont pas là les cornes d'un animal vigoureux. Elles peuvent être moyennes, et porter en même temps les signes de la force et de la vigueur.

Depuis un demi-siècle environ, la France, je ne sais pour quelle raison, s'est laissée aller à louer et à admirer presque toutes les innovations des Anglais. L'anglomanie a été et est encore une mode, un préjugé funeste. Sous cette influence, notre goût a baissé. Il semble que nous ne sachions plus discerner ce qui est réellement beau et bon, nous, le peuple athénien, le peuple esthéticien par excellence. J'ai donc voulu chercher à réagir contre cet engouement, qui, j'espère, ne sera que passager, en démontrant par toutes sortes de raisons, combien nous avons eu tort de préconiser le Durham au détriment de notre magnifique race Normande.

Nous aurions bien aussi le droit de parler de notre race Charolaise; mais nous en avons assez dit sur la race bovine.

Le Durham est donc bien loin d'avoir le mérite qu'on lui a attribué.

Concluons d'accord avec la vérité, et ne craignons pas de dire que :

LA RACE DURHAM est une RACE DÉSÉQUILIBRÉE, DÉSHARMONISÉE, conséquemment, non une amélioration, mais bien une DÉTÉRIORATION DE L'ANCIENNE RACE ANGLAISE.

RACE OVINE. Tous les principes, que nous avons posés et développés au sujet de la race bovine s'appliquent sans exception à la race ovine. Nous n'aurons donc pas à nous étendre ici. Nous ferons seulement quelques observations spéciales à cette race.

Toujours à la remorque des idées anglaises, nous avons admis que le moyen le plus puissant d'amélioration d'une race résidait dans la transmission des qualités par les meilleurs étalons mâles et femelles de cette race. C'est là une erreur, sur laquelle nous aurons amplement à parler, en traitant de la race chevaline.

Au commencement de ce siècle, tout le monde rêvait croisement Mérinos. Aujourd'hui on ne parle que des Dishley. Bientôt ce sera une autre race, qui absorbera toute l'attention. Pendant longtemps, on n'a vu que le côté de la laine; demain, on ne verra que le côté de la viande.

Un jour je me rencontrai avec M.***, chargé par le Gouvernement de la Direction des Bergeries de l'État. Je lui dis que j'étais ancien élève de l'École de Grignon. Nous causâmes un peu de la race ovine. « Malgré tous nos efforts, me dit-il, quand nous « importons à Rambouillet des moutons des con- « trées de l'Allemagne, où la laine est la plus fine, « la laine grossit à vue d'œil entre nos mains. » Je lui en demandai la raison. Il ne put me la donner et me l'avoua franchement; delà je conclus, que nous savions encore bien peu de chose en agriculture.

Un cultivateur me disait un jour : « Pouvez-vous « croire qu'en donnant dans nos contrées du trèfle « à nos moutons, beaucoup tombent malade? » Je le crois bien, lui répondis-je, aujourd'hui, vous n'avez presque plus de règle en rien, vous donnez du trèfle aux moutons; la nature l'a fait, pour être donné exclusivement à la race bovine.

Au concours national de 1860, j'ai vu des moutons, qui commençaient à être aveuglés par leur laine, et d'autres, desquels la laine tombait si bas, qu'ils n'en pouvaient bientôt plus marcher. Pour peu que nous fassions encore, dans ce sens, quelques progrès, au prochain concours, nous en verrons de complètement aveugles, et d'autres forcés de rester en place tout à fait immobiles.

Si vous cherchez quelque temps encore à ne faire autre chose qu'à serrer et à allonger la laine de vos moutons, un jour viendra où ils étoufferont sous le matelas, que vous leur aurez fait, et où ils périront d'apoplexie, et principalement par le fait des maladies du système sanguin. Aujourd'hui, en France, le plus difficile est d'être sage.

Il est évident que ce que l'on doit rechercher tout à la fois dans la race ovine, est une chair serrée en qualité, d'une saveur délicate, ou abondante en quantité, une laine fine ou grosse, mais toujours corsée, douce, élastique, soyeuse, une graisse ferme et blanche, une peau douce et résistante, et des cornes de belle qualité.

RACE CHEVALINE. J'ai dit que le Gouvernement anglais avait confié au talent de Mathieu Cotes Wyatt, artiste et sculpteur, le soin d'élever à Londres, au bas de Haymarket sur le côté Est de Pall mall, une STATUE ÉQUESTRE DE GEORGES III, et que la statue du cheval était un TRÈS-REMARQUABLE CHEF-D'OEUVRE. Les Anglais ont donc ainsi chez eux, au sein de leur capitale, un cheval type idéal, dont je ne saurais faire la critique sous aucun rapport, et que je suis obligé, à cause de cela même, de regarder comme accompli.

L'amour passionné que Cotes Wyatt avait conçu pour la race chevaline, a pu seul élever son âme à la conception d'un modèle aussi parfait.

Je rends ici hommage de ce chef-d'œuvre à Mathieu Cotes Wyatt, et non aux Anglais. Mon lecteur va juger, si c'est avec raison. A peine avais-je aperçu cette statue sur le côté Est de Pall mall, que je restai comme frappé et muet d'admiration. Au bout d'une heure, lorsque je l'eus contemplée tout à mon aise, l'idée me vint naturellement d'en rapporter à Paris, une statuette, ou une photographie, ou une gravure, ne fût-ce qu'une lithographie, un souvenir quelconque. Je m'adressai à un marchand de curiosités. Grande fut ma surprise, lorsque ce marchand me répondit, que je ne trouverais à Londres ni statuette, ni photographie, ni gravure, ni même une lithographie, ni image quelconque de cette statue. Tous les Anglais, me dit-il, s'accordent à reconnaître, que ce cheval n'a aucune valeur. Personne n'a jamais eu l'idée de le reproduire. Les bras m'en tombèrent de tout leur poids..... Je ne me tins pas cependant pour battu, j'entrai encore un peu plus loin chez un autre marchand de bronzes et de statuettes. Cette fois, le maître de l'établissement me dit, avec un air de tendre pitié pour ma personne, et presque en haussant les épaules, qu'il ne comprenait pas ce que je voulais faire de cette statuette, qu'elle n'avait jamais existé, qu'elle n'existerait jamais, personne ne voulant se donner la peine de reproduire une statue *manquée*. Je n'étais pas sorti du magasin, que j'entendis, au sujet de ma demande, plusieurs éclats de rire. C'était assez comme cela, pour me renseigner suffisamment sur l'opinion des Anglais à l'égard de cette statue. Pauvre peuple! me disais-je, c'est à nous de lui tendre la main ; il en est sans doute des autres chefs-d'œuvre, comme de celui-ci : il ne comprend pas le beau, il n'est pas né artiste, il a des yeux pour ne pas voir, *oculos habent et non vident.*

L'opinion des Anglais n'ayant pour moi, en fait d'art, aucune espèce de valeur, et celle des Français n'étant pas faite à l'égard de cette statue, puisque beaucoup en ignorent l'existence, on voudra bien permettre, que je la tienne pour un chef-d'œuvre éminent, jusqu'à preuve contraire.

C'est en cherchant à nous rapprocher de ce modèle, que l'on améliorera réellement la race chevaline. Mais avant de modeler sur lui quelques principes, essayons de détruire cette opinion empruntée aux Anglais, qui s'est enracinée chez nos éleveurs prétendus émérites, et qui consiste à croire que le moyen le plus puissant d'amélioration d'une race réside dans la transmission des qualités par les meilleurs étalons mâles et femelles de cette race; puis, nous présenterons quelques considérations générales, et nous reviendrons à l'étude de ces principes.

En France, deux opinions sont en présence :

1° L'OPINION ANGLAISE, ou, si l'on veut, celle du Jockey-Club français. Le Jockey-Club français n'a jamais émis d'opinion, qui lui fût propre; il s'est borné à être en France la copie du Jockey-Club anglais. C'est donc à l'original, qu'il nous faut adresser, et voilà pourquoi nous l'appelons l'opinion anglaise.

2° L'OPINION FRANÇAISE, celle de tous les hommes de chevaux, qui élèvent, montent, dressent des chevaux, et aussi des marchands de chevaux, enfin de tous les hommes, qui ne font pas partie du Jockey-Club français.

La première vous dit : Prenez ce cheval : il est parfait. Comment voulez-vous qu'il ne le soit pas? il est fils de Royal-Oak et d'Anetta. Aimez-vous mieux celui-ci? il est fils de Napoléon et de Pœtess; ou celui-là? il est fils de Silvio et de Miss Ann. Tenez, j'ai tout ce qu'il y a de mieux; voici le fils de Fitz-Emilius et de Prédestinée, le fils de Saint-Germain et de Sérénade, et voici le fils de Tonnerre des Indes et de Jouvence. Tout ce que je vous montre là est parfait; l'origine vous le garantit.

Pardon, Messieurs, c'est très-bien, l'origine, mais j'aimerais mieux savoir de quel pays sont ces chevaux, ce que mangeaient les pères, pendant qu'ils saillissaient, et les mères, pendant qu'elles étaient pleines, et aussi eux-mêmes, particulièrement dans leur jeunesse. Était-ce de l'herbe fraîche ou sèche, de première ou de dernière qualité, ou peut-être de la luzerne, ou peut-être malheureusement du trèfle, avec lequel ces chevaux ont été élevés, étant poulains? A quel âge ont-ils mangé de l'avoine et quelle avoine? Car, à poids égal d'hectolitre d'avoine, soit par exemple de cinquante kilogrammes, une avoine crue sur tel sol, en emprunte toutes les qualités, et peut contenir beaucoup plus de principes aromatiques et excitants que l'autre. Veuillez me donner quelques renseignements à cet égard. — Je ne sais pas, Monsieur, ce que vous me demandez; je vous répète, que ce cheval est fils de

Royal-Oak et d'Anetta. Que voulez-vous de plus? — Pardon, Monsieur, je vois que vous êtes Anglais!... — N'allez pas plus loin, méfiez-vous! ces sortes de gens-là n'observent pas, ne raisonnent pas : ils vous sautent à la figure.

Un jour, j'étais à Chartres, à la foire des Barricades. J'aperçus un très-bon cheval. Voulez-vous qu'on vous le sorte, me dit un vieux marchand. Un instant, lui dis-je. D'où vient ce cheval? Ce cheval, me dit-il, a été élevé à la bonne mode, à la mode française. C'est un pur Percheron, je vous le garantis. De tout temps, la ferme où il a été élevé a produit des chevaux parfaits. Là, on ne mange jamais ni trèfle ni luzerne, mais du foin, et quel foin! Allez derrière les faucheurs, cela embaume. Là on mange de l'avoine, et quelle avoine! A la charrue, les chevaux dansent dans les traits. Je ne vous dirai pas quel est le père ou la mère de ce cheval, mais je vous dirai que c'est un roc que cette ferme : quand j'y passe avec mon bidet, sous le fer du cheval, tous les cailloux font feu. Croyez-moi, monsieur, LA, OU LA TERRE FAIT FEU, L'HERBE ET L'AVOINE FONT FEU. Prenez-moi cela de confiance, monsieur, cela brûle le pavé.

Je revins à l'hôtel, tout pensif du bon sens de

ce vieux marchand. C'est vrai, me dis-je, CHAQUE PLANTE CRÉÉE RÉPOND A UNE DESTINATION : TELLE PLANTE, TEL ANIMAL ; et ceci est encore vrai : COMME EST LE SOL, COMME EST LE VÉGÉTAL; COMME EST LE VÉGÉTAL, COMME EST L'ANIMAL. LE VÉGÉTAL EST UNE TRANSFORMATION DU MINÉRAL, ÉLEVÉ AVEC TOUS SES CARACTÈRES AU PREMIER DEGRÉ D'ANIMATION, et L'ANIMAL UNE TRANSFORMATION DU VÉGÉTAL, ÉLEVÉ AVEC TOUS SES CARACTÈRES AU DEUXIÈME DEGRÉ D'ANIMATION.

Le climat étant pareil, et toutes choses étant égales, c'est le GENRE ET LA VARIÉTÉ DU SOL, qui DÉTERMINENT LE GENRE ET LA VARIÉTÉ DU VÉGÉTAL, COMME C'EST LE GENRE ET LA VARIÉTÉ DU VÉGÉTAL, QUI DÉTERMINENT LE GENRE ET LA VARIÉTÉ DE L'ANIMAL. LA NATURE EST UN OCÉAN D'HARMONIES.

Voilà donc deux opinions contraires : l'Anglais me dit que tout est dans la transmission des qualités par la race, le Français, que presque tout est dans la nourriture. Qui des deux est dans le vrai ?

On sait que les Anglais ont emprunté leurs premières idées aux Arabes. Revenu chez moi, je voulus connaître l'opinion arabe ; j'ouvris l'ouvrage du général Daumas, sur les chevaux du Sahara. Voici ce que j'y lus :

« Préfère le cheval de montagne au cheval de plaine,

« et celui-ci au cheval de marais, qui n'est bon qu'à « porter le bât. » (*Principes généraux du cavalier arabe.*)

Et aussi ceci :

« Le sol et la nourriture n'améliorent pas le cheval « mauvais ou seulement médiocre; mais si le cheval « de race pure est élevé dans la montagne et dans « les terrains pierreux, il est doué d'une force et « d'une patience plus grandes que le cheval élevé « dans les plaines. » (*Observations de l'émir Abd-el-Kader.*)

Il y a dans cette dernière citation une contradiction : Si le sol et la nourriture améliorent le cheval de race pure, ils doivent aussi améliorer en égale influence le cheval, qui n'est pas de race pure. C'est ce cheval qu'Abd-el-Kader désigne sous le nom de médiocre ou mauvais.

La première citation, qui n'est pas personnelle, mais qui résulte des observations de beaucoup d'Arabes, doit donner une idée plus nette de la vérité. On voit quel mépris porte l'Arabe au cheval élevé dans des marais. C'est de tout point exact. Un animal, qui occupe le haut de la hiérarchie animale ne peut pas convenablement se nourrir des plantes, qui occupent le bas de la hiérarchie végétale. Les plantes même diffèrent, en s'élevant ou s'abaissant, dans leur hiérarchie, selon la hauteur des lieux, les montagnes ou les marais, tant dans la nature il y a d'harmonie en tout.

D'après l'opinion que j'ai citée, et qui est commune aux Arabes, l'influence de la nourriture, qui n'est que le sol transformé, serait donc supérieure à celle de la race.

J'ai dit que la nature n'était qu'harmonie. En effet, SI L'ENFANT EST LA SUITE ET LA RÉSULTANTE DU PÈRE ET DE LA MÈRE, IL DOIT S'HARMONISER AVEC EUX, CONSÉQUEMMENT RETENIR DE LEURS QUALITÉS. C'est évident. Mais, SI LE VÉGÉTAL EST AUSSI LA SUITE ET LA RÉSULTANTE DU MINÉRAL, TRANSFORMÉ AVEC TOUS SES CARACTÈRES, ÉLEVÉ EN VIE ET ANIMÉ AU PREMIER DEGRÉ, ET SI L'ANIMAL N'EST ENCORE QUE LA SUITE ET LA RÉSULTANTE DU VÉGÉTAL, TRANSFORMÉ AVEC TOUS SES CARACTÈRES, ÉLEVÉ EN VIE ET ANIMÉ AU DEUXIÈME DEGRÉ, QUAND LE MINÉRAL OU LE SOL EST, PAR EXEMPLE, FIER, ÉNERGIQUE, RUDE, SEC, ANGULEUX PAR SES CAILLOUX, LE CHEVAL SERA FATALEMENT, PAR NÉCESSITÉ D'HARMONIE, FIER, ÉNERGIQUE, DUR A LA FATIGUE, SEC D'ORGANISATION, ANGULEUX DE FORME. Je ne saurais trop le répéter : LA NATURE EST UN OCÉAN D'HARMONIES.

Reste à savoir laquelle des deux influences est la plus grande, celle à laquelle il faut s'attacher avec le plus d'attention. MES OBSERVATIONS PERSONNELLES ME FONT RANGER, SANS HÉSITER, DU CÔTÉ DE L'OPINION ARABE, QUI EST LA VIEILLE OPINION FRANÇAISE, CONTRE L'OPINION ANGLAISE.

Si l'influence de la race est environ, comme 30 est à 100, celle de la nourriture doit être comme 70 est à 100. Telle me paraît être la vérité.

Passons maintenant à quelques considérations générales sur diverses opinions erronées.

CONSIDÉRATIONS GÉNÉRALES.

1° A l'époque où nous sommes, il circule les opinions les plus étranges. Il y a des gens qui vous soutiennent que le cheval n'est convenablement élevé, que lorsqu'il est castré. Ils veulent même qu'il soit ainsi plus vigoureux. Ils ont fait, disent-ils, mieux que nature. C'est en mutilant les organes les plus nécessaires au développement de la vie et de l'énergie, qu'ils prétendent augmenter l'énergie même ! En d'autres siècles, on eût pris les mêmes moyens pour énerver. Ainsi, on fait son possible pour avoir des chevaux vigoureux et d'un service soutenu, et lorsque l'on croit avoir réussi à avoir fait passer ces qualités dans le poulain, on commence à le castrer. Étranges gens, qui ne s'entendent pas avec eux-mêmes ! Le cheval castré ne peut être dans le plan de la nature que l'exception, et non la règle. Le cheval castré est un animal malingre, à l'œil fixe et terne, sans mouvement et sans idées, inintelligent. Il n'a plus ni bouquet, ni cachet, ni dignité, ni noblesse. C'est un cheval déshonoré. En Angleterre, tous les chevaux sont castrés. C'est donc encore là une opinion anglaise.

2° J'ai entendu vingt fois émettre cette opinion : que plus le cheval est vite et rapide à la course, pour parcourir seulement 3 ou 4 kilomètres, plus, à une vitesse modérée, le cheval fournira longtemps.

Vitesse et énergie seraient donc, pour les gens qui partagent cette opinion, une seule et même chose. Quand on examine cette opinion au point de vue physiologique, on voit que le système nerveux d'un animal peut s'exalter naturellement ou facticement, pour produire des effets extraordinaires dans un temps donné, mais à condition que ces tours de force ne se prolongent pas longtemps. C'est là le tempérament du cheval ardent. Il brûle d'ardeur, mais son feu est un feu de paille. On retrouve ces mêmes effets dans l'homme. Des hommes assez mal charpentés, et d'un aspect presque débile, vous étonnent quelquefois par l'énergie subite qu'ils déploient; mais ne leur demandez pas de continuer, ils ont déjà la fièvre. Dans ce cas-là, l'homme, comme le cheval, quintessencie son énergie : en un instant il a tout donné; cinq minutes après, il ne lui reste plus rien. Tout le monde n'est pas libre d'en agir ainsi. C'est une affaire d'organisation particulière. C'est ce que l'on avait distingué depuis longtemps dans le CHEVAL ARDENT, parfaitement distinct jusqu'ici du CHEVAL DE FOND.

Le plus souvent, si l'on m'avait laissé faire, j'eus couronné dans les courses, non pas le premier, mais celui, qui était arrivé troisième ou quatrième. Le lendemain, le vainqueur avait la fièvre, le vaincu était vif et alerte. D'autres fois, c'était l'habileté du jockey que l'on avait couronnée, et non le cheval. Si, loin de demánder des épreuves de 4 à 5 kilomètres, on eût exigé une épreuve de 50 à 60 kilomètres, au galop de chasse, répétée *cinq* fois, à trois jours d'intervalle, et que l'on eût examiné l'état des chevaux le lendemain du jour de la cinquième épreuve, adieu les chevaux ardents, adieu l'habileté des jockeys. Le cheval qui fût arrivé premier, et auquel, après examen, vous eussiez décerné une couronne, eût été décidément et irréfutablement, pour tout le monde, un bon cheval et un cheval de fond. Vos courses ressemblent trop à celles de Franconi à l'Hippodrome. Le public ne peut s'intéresser qu'à ce qui est sérieux.

Voici ce que je lis dans une lettre de M. Hamont, ancien directeur des Haras de Méhémet-Ali, adressée au *Journal des Haras* en 1842 :

« Dans les possessions anglaises des Indes, il existe « des chevaux PUR SANG, ou autres, élevés en ASIE ou « dans les ILES BRITANNIQUES. Ces chevaux servent, « le plus généralement, au trait, à la selle et aux « courses, grand amusement des Anglais. Le pays de « NEJD, renommé pour ses chevaux, est voisin des « Indes ; il a fourni des étalons et des juments pour « la création des belles races chevalines, qu'on ren« contre partout aujourd'hui dans les contrées de « l'Inde soumises à la Grande-Bretagne. Lorsque M. le « lieutenant général Kourchid-Pacha gouvernait l'Ara« bie centrale au nom de Méhémet-Ali, tandis qu'il

« commandait deux cent mille hommes armés, tou-
« jours prêts à se jeter sur la conquête de la Com-
« pagnie des Indes, il eut avec les Anglais des rela-
« tions très-fréquentes. Grand amateur de chevaux,
« et en présence des acheteurs d'étalons NEJDIS, il
« provoqua lui-même FORT SOUVENT des luttes entre
« les chevaux anglais PUR SANG et ceux des Bedouins
« du NEJD. TOUJOURS, DANS LES COURSES D'UN MOMENT,
« D'UNE DEMI-HEURE, les Anglais, PRÉPARÉS, ENTRAINÉS,
« l'ont emporté sur leurs adversaires; mais, CONSTAM-
« MENT aussi, les coursiers arabes ont battu leurs
« descendants, lorsqu'il s'agissait de COURIR LONG-
« TEMPS. »

Sans aller en Asie, nous avons tous les jours en France des exemples encore plus frappants. Dans beaucoup de chasses à courre, on a vu maintes fois des chevaux de toutes sortes de pays, au bout de trois à quatre jours de galop, arriver encore au rendez-vous frais et dispos, pendant que les chevaux de pur sang, relayés déjà deux ou trois fois, y arrivaient, mais après eux, et en tirant la langue.

Vous m'avez déjà deviné. L'opinion paradoxale, qui soutient, que plus le cheval est vite et rapide à la course, dans une épreuve de trois ou quatre kilomètres, plus, à une vitesse modérée, le cheval fournira longtemps, est une opinion anglaise. Plus on étudie LE PEUPLE ANGLAIS, plus on reste convaincu qu'il est bien PLUS SYSTÉMATIQUE QU'OBSERVATEUR.

3° Les chevaux, disent les autres, doivent être propres à tout service, selle, voiture, limon. Pourquoi le cheval de trait et de charrette ne galopperait-il pas ?

Voici pourquoi :

EN MÉCANIQUE, FORCE ET VITESSE S'ANNULENT.

Ou autrement : CE QUE VOUS GAGNEZ EN FORCE, VOUS LE PERDEZ EN VITESSE, et réciproquement, CE QUE VOUS GAGNEZ EN VITESSE, VOUS LE PERDEZ EN FORCE. En mécanique animale, c'est le même principe. C'est-à-dire, que si vous voulez obtenir de la force, vous ne l'obtiendrez qu'en faisant agir lentement, au détriment de la vitesse; et si vous voulez obtenir de la vitesse, vous ne l'obtiendrez qu'en faisant agir vivement, au détriment de la force. Vous ne pouvez pas obtenir force et vitesse dans le même animal. Telle organisation, qui est propre à fournir la première, n'est nullement propre à fournir la seconde. Pour la première il faut une charpente osseuse, courte et épaisse, une synthèse d'organisation très-liée, fortement rassemblée, ramassée, trapue : dans le règne animal, c'est le taureau, l'éléphant, etc.;

aussi dit-on, FORT COMME UN TAUREAU; dans le règne humain, c'est l'athlète au cou court, aux épaules et aux reins larges. Pour la seconde, il faut une charpente osseuse inverse, longue et fine, une synthèse d'organisation déliée, légère à l'œil et svelte : dans le règne animal, c'est le cerf, le chevreuil, le daim, le renne, l'antilope, etc.; aussi parle-t-on de la VÉLOCITÉ DU RENNE, DE LA RAPIDITÉ DU CERF, etc. On m'assure que les meilleurs fermiers anglais veulent aujourd'hui que leurs chevaux galopent, pour être propres à tout service; à quoi je réponds que ces fermiers là sont un peu fous. Pour croire que la réunion de ces deux qualités opposées, Force et vitesse peuvent être réunies dans le même animal, il faut que le jugement ait cédé sous l'oppression des idées anglaises, si l'on n'a pas dans les veines un peu du sang de cette nation-là.

Quand, en France, je choisis aujourd'hui dans telle ville que ce soit un cheval de limon, à peine l'ai-je examiné, que le marchand me dit de suite : Je vais vous le faire trotter. — Mais je n'ai pas besoin, disais-je toujours, de le voir trotter, puisqu'il est destiné à ne jamais aller qu'au pas. S'il trotte très-bien, je n'en veux pas. — Si, si, trottez-moi ce cheval-là. — Impossible de l'en empêcher. Le marchand est devenu Anglais; aussi me suis-je promis, la première fois que je choisirai un cheval de selle, de l'essayer dans le limon de mes charrettes.

4° Je l'ai déjà dit, et je le répète ici : rien dans la création ne saurait être examiné à un seul point de vue. Votre point de vue, à vous, c'est celui de la vitesse; pour votre voisin, ce sera un autre. Il faut tenir compte de tout, et voir tous les points de vue à la fois, bien entendu, autant qu'ils peuvent se concilier.

La nature tient compte de tout à la fois, pour tout accorder, sans doute, conséquemment un peu à chacun. Elle est éminemment MULTIPLE, COMPOSITE, comme disait FOURIER, et vous êtes SIMPLISTE d'une façon désolante. Vous êtes comme cet Anglais, auquel on dit :

Ce cheval est plein de vigueur,
Jamais je ne l'ai vu malade,
Il se nourrit parfaitement,
Il est très-doux à l'homme,
Ses allures sont des plus agréables,
Voyez comme il est élégant de forme,
On le conduit avec un fil,
Son père a vécu trente ans.

L'Anglais vous répond : Je ne vous demande pas

tous ces détails, je vous demande seulement combien de milles il fait à l'heure. Voilà pourtant aujourd'hui, à peu de chose près, où nous en sommes.

5° Voici comment je raisonne. La lumière a été considérée de tout temps comme le symbole de l'Intelligence. La lumière est blanche; les filets nerveux, qui transmettent à l'organisation l'électricité produite par le cerveau, organe de l'Intelligence, sont blancs. Le cheval est bien évidemment un animal à prédominance intellectuelle. Or, je me suis demandé, si cela n'était pas pour représenter la prédominance de ce caractère, que la nature donnait aux plus belles races de chevaux, les plus intelligentes, une robe presque constamment blanche. Il est incontestable que la robe de la plus forte partie des chevaux des grandes races arabes, persanes, tartares, est blanche et blanc pommelé. Presque tous les anciens chevaux du Perche et de la Bretagne, qui valaient bien mieux que ceux d'aujourd'hui, étaient également blancs et blanc pommelé. Ceux de Tarbes sont également blancs en grande majorité. S'il était prouvé un jour que j'avais raison, je ne regretterais pas d'avoir fait observer dès aujourd'hui, que, malgré que les Anglais aient importé souvent chez eux des étalons à robe blanche, cette couleur s'est obscurcie constamment entre leurs mains, puisque JE NE VOIS JAMAIS DE CHEVAUX BLANCS DANS LES CHEVAUX DE PUR SANG. Si, à cette couleur, les Anglais ne revendiquent pas cette idée comme une idée anglaise, ils voudront bien la considérer comme française.

En face du REMARQUABLE CHEF-D'OEUVRE DE LA STATUE ÉQUESTRE DE GEORGES III, dont j'ai parlé, posons maintenant quelques principes, qui ne laisseront pas de jeter encore sur cette question quelque lumière.

PREMIER PRINCIPE. Le cheval doit être court.

DEUXIÈME PRINCIPE. Le cheval doit être sec de conformation.

TROISIÈME PRINCIPE. Les muscles doivent saillir, comme en repoussé, à l'œil, pour indiquer des ressources de force et d'énergie.

QUATRIÈME PRINCIPE. Les extrémités des membres du cheval doivent être dépourvues de poils.

CINQUIÈME PRINCIPE. La tête doit être petite, fière éveillée, les oreilles également petites, bien plantées, le front large, l'œil grand, bien dégagé de la boîte osseuse, éveillé, limpide, intelligent, et la bouche de mesure à boire dans un verre; le nez doit toujours être concave, l'opposé de forme de celui du mouton, les naseaux bien ouverts, faisant dans la marche saillie sur le nez.

DÉVELOPPEMENT DU PREMIER PRINCIPE. Un proverbe, et les proverbes sont bien évidemment les lumières, qui se dégagent petit à petit, par l'observation, du milieu de l'expérience, un proverbe avait dit :

COURT CHEVAL, LONG BOEUF.

C'est de tout point exact. Le bon cheval de nature et de fatigue a toujours un ensemble de conformation courte, l'opposé de celle du bon bœuf. Depuis que l'on est toujours censé améliorer le cheval de pur sang, il est remarquable que son corps allonge tous les jours et de plus en plus, contrairement au proverbe, et au type ou au modèle, que Cotes Wyatt nous a donné comme tel.

DÉVELOPPEMENT DU DEUXIÈME PRINCIPE. Toutes les terres maigres, sèches, de sable rude, granitiques, pierreuses ou à silex donnent spontanément des végétaux maigres de dessin ou de couleur, secs ou rudes au toucher, ou arides ou anguleux. C'est parmi ceux-ci, que l'on trouve ceux que la nature a destinés à la race chevaline. Il faut donc forcément que le cheval ait une conformation et une constitution maigre, sèche, ou rude, ou aride, ou anguleuse.

Le bon cheval ne doit jamais, par ces raisons, offrir à l'œil des formes rondes, ni tourner trop facilement au gras. Le cheval n'a pas été, je le suppose, destiné à nous nourrir, conformément aux tristes théories de M. Geoffroy Saint-Hilaire. Ce sera toujours un compagnon de travail. La graisse ne servirait qu'à l'empêcher de travailler, et c'est en quoi le beau cheval breton, celui que l'on rencontre si communément à Paris, attelé aux grandes voitures et aux camions, est si au-dessus du cheval boulonnais.

Quand je vois médailler au grand concours de Paris des éléphants sous la forme de chevaux boulonnais, je suis toujours tenté de dire au jury : Vous n'y voyez donc pas? Votre médaillé est affreux. Ce n'est pas un cheval. Dites donc aux éleveurs boulonnais de drainer leurs prairies et leurs terres, et de ne pas donner au cheval des nourritures vertes, passé la période d'enfance, surtout de végétaux qui ne leur sont pas destinés. On fait des chevaux avec des plantes, mais aussi des plantes avec des sols. Il y a sur le sol une action sensible d'amélioration. Qu'ils en usent. Nous verrons après. C'est par la base, et non par le faîte, que l'on fonde un édifice. La terre est la base et la fondation de toute amélioration. Là où ils ne peuvent pas drainer, conséquemment changer la nature des plantes, eh bien! qu'ils fassent des vaches.

Les chevaux boulonnais sont des vaches. Ils ne vivent guère plus longtemps que les vaches; comme les vaches, les chevaux boulonnais ne sont nullement sobres; ce sont des coffres à herbe et à avoine. Leur constitution est molle et lymphatique, et tourne facilement au gras. Beaucoup sont gras. Un athlète cependant ne doit jamais être gras. Quand ils peuvent satisfaire tout leur appétit, leur nourriture tourne en graisse, plutôt qu'en force réelle. Ils consomment beaucoup, et ont relativement peu de force. C'est le contraire du cheval breton, qui consomme peu, et a relativement beaucoup de force.

L'eau, qui était dans le sol, et dans la nourriture verte et aqueuse, qu'on leur donne, a passé dans leurs tissus. La nourriture verte, par rapport au cheval, est une espérance et non une réalité. Le cheval boulonnais, effectivement, à son aspect, vous laisse espérer de la force, mais, comme je viens de le dire, il en a peu en réalité. Ses formes sont trop rondes, symboles de douceur, et non d'énergie; aussi ne tient-il pas à la fatigue, et se défait-il en un instant. De plus, la première maladie l'abat, quand il n'y crève pas. À NOURRITURE CREUSE ET ACIDE, OS CREUX ET CHAIR FACILEMENT CORRUPTIBLE. Pour le cheval, c'est de tout point exact.

Sa poitrine ne raisonne guère plus que celle de la vache, et à peu près aussi creux. Rien que la différence du son de sa poitrine à celle du cheval bien élevé, dans laquelle l'air mis en mouvement ou le son en fait résonner et comme ronfler les parois, est un indice de son infériorité. Os, chair, poil, cuir, crins, cornes, chez lui tout est de qualité inférieure. En bonne conscience, je ne sais pas ce que vous pouvez tant admirer, pour le couronner. Si, à vos concours, on vous amène un jour des chevaux flamands, les couronnerez-vous aussi? Quelle race de chevaux peut être aujourd'hui tombée assez bas, pour que vous ne lui donniez pas vos lauriers et vos couronnes?

Il y a encore des personnes qui raisonnent ainsi :

Pour que le cheval puisse tirer, il lui faut du poids. Il faut pousser à faire du gros.

C'est, à vraiment parler, un exemple tiré des locomotives, et encore une erreur de ce temps-ci

Le cheval tire un peu par son poids, c'est vrai; aussi le cheval de trait a-t-il été toujours plus lourd que le cheval de selle; mais le cheval emprunte beaucoup plus de force de l'énergie de son jarret, que du poids de sa masse. C'est là une vérité incontestable, que l'expérience démontre tous les jours. Rien n'est commun, comme de voir un cheval breton, de la belle race bretonne, sec et maigre de conformation, traîner plus lourd, sans se fatiguer, qu'un cheval boulonnais, plus lourd que lui et de plus grande taille. Dans le premier, la qualité et la quantité des os de la charpente et de la chair des muscles est dans un rapport normal, dans le second dans un rapport anormal.

A cet égard, peut-être, faut-il être indulgent, car M. de Dombasle a faussé bien des jugements. M. de Dombasle, qui certainement était un homme de valeur, a néanmoins émis des idées subversives de toute hiérarchie, dans la connaissance des sols, dans la destination des plantes par rapport aux sols, et aussi dans la destination de celles-ci, comme nourriture des animaux. M. de Dombasle a cru pouvoir passer une éponge sur tous les travaux du moyen âge, mais il s'est gravement trompé. TOUT SE TIENT ET SE RELIE EN CE MONDE. UN SIÈCLE NE PEUT GUÈRE ÊTRE PLUS INTELLIGENT, QUE TOUS LES SIÈCLES PRÉCÉDENTS RÉUNIS, ET L'ON NE PEUT BIFFER AINSI, D'UN TRAIT, TOUTE L'EXPÉRIENCE ET LA SAGESSE DE SES DEVANCIERS. C'est lui qui nous a amené à cette doctrine communiste des équivalents chimiques, dans laquelle ont donné tant de cultivateurs-chimistes d'aujourd'hui. Il n'y a pas d'équivalents dans la nature. Chaque chose créée a sa raison d'être, sa place, sa destination. C'est une erreur dont nous serons bientôt débarrassés, car elle tourne tous les jours, et de plus en plus, à la plaisanterie.

On sait combien à cette époque les chimistes ont enrichi, du moins à leur sens, les ouvrages de culture de leurs analyses. A les voir écrire, on croirait que l'on ne peut se rendre compte des effets des corps que par la connaissance intime de l'analyse de ceux-ci. C'est quelquefois vrai, mais le plus souvent inexact, notamment dans les corps organisés. A les entendre parler, quand, dans le secret de leur cabinet, on leur objecte que le fait ne répond nullement à leur analyse, ils cherchent cette fois à vous satisfaire, en vous disant que les effets des corps peuvent résulter d'un mode particulier dans l'agrégation de leurs molécules. Ou c'est l'une, ou c'est l'autre, qui est la voie vraie, ou peut-être toutes deux sont-elles à examiner. Mais si c'est l'analyse, qui souvent est en défaut, veuillez dorénavant mettre un peu plus de garde-fous dans vos chimies agricoles, car, sous prétexte d'être nos guides, vous ne nous ménagez pas les chutes.

Aujourd'hui, où l'on ne reconnaît plus ni hiérarchie, ni destination, presque en quoi que ce soit, on en est arrivé à donner du trèfle vert et sec aux chevaux, dans le Nord depuis longtemps, dans la Normandie, le Perche, et un peu partout. On commence même en Bretagne. Le trèfle est une plante à vache. Donnée au cheval, elle pousse au gros, au développement exagéré de la quantité, relâche et distend l'organisation, empâte les formes, altère et abâtardit l'espèce chevaline. Nous allons néanmoins grand train dans cette voie. Dans peu d'années, quand on cherchera des chevaux en France, on trouvera des vaches.

DÉVELOPPEMENT DU TROISIÈME PRINCIPE. Il est de toute évidence, que la ligne courbe contient plus de ressources que la ligne droite. Les ressources ne sont en réalité, que des sources de force cachées dans la courbe de la ligne, et toujours en raison directe de la courbure de cette ligne. C'est bien là ce que nous montre l'athlète, quand il s'enorgueillit du ressort de ses muscles. Le cheval, dont les formes ne sont pas assez accusées, déterminées, et dont les muscles plats et droits ne saillissent pas suffisamment en ressort sur la silhouette de sa conformation, ne fournira pas longtemps à une course ou à un travail donné. Cette conformation défectueuse se retrouve très-souvent dans le cheval de pur sang. La vitesse s'est augmentée, mais au détriment de la durée. Effectivement, dans un cheval, que l'on ne destinait qu'à briller pendant quelques instants, la nature a dû, petit à petit, se rapprocher du but que l'on désirait atteindre. Elle a fini par tout disposer pour une course précipitée, mais non pour une course de longue haleine.

DÉVELOPPEMENT DU QUATRIÈME PRINCIPE. Dans le cheval bien conformé, les extrémités des membres doivent être dépourvues de poils. L'observation vient à l'appui de cette assertion. Au fur et à mesure qu'on fait, dans l'élève du cheval, un choix plus judicieux de la nourriture et du père et de la mère qui doivent lui donner naissance, les poils deviennent de plus en plus rares, et ils finissent par ne s'accuser qu'à l'extrémité du paturon, comme dans le cheval arabe de race.

Les poils aux jambes sont bien évidemment un signe d'infériorité et de décadence. Presque tous nos chevaux en sont là aujourd'hui, principalement, par suite de la nourriture inférieure qu'on leur a donnée, luzerne et trèfle, en vert et sec, vesces en vert, et nourriture au pâturage, sans compter que beaucoup arrivent à l'âge de leur plus grand développement, sans avoir mangé de l'avoine. Il peut être bon, au moment des plus fortes chaleurs de l'été, de donner aux chevaux un peu de vert, comme il nous est bon de trouver à cette époque les fruits rafraîchissants que la nature nous a donnés; mais cette nourriture, de même que ces fruits, ne peut être de longue durée, et il faut, en outre, qu'elle soit choisie parmi les plantes qu'on leur donnera plus tard en sec. De tous les fourrages, le foin des prairies sèches, celui du pois des champs et peut-être aussi du sainfoin, et aussi le jonc marin, paraissent être ceux destinés par la nature à la nourriture du cheval.

DÉVELOPPEMENT DU CINQUIÈME PRINCIPE. La tête doit être petite, fière, éveillée, et non pas grosse, longue, indifférente, lourde ou endormie, comme l'ont presque tous les chevaux d'aujourd'hui. Les oreilles, qui répondent à la pensée de l'animal, doivent être bien plantées, petites, assurées et parfaitement en harmonie dans leurs mouvements. Le cheval modèle doit accuser de la cervelle, par l'ampleur du front. L'œil doit être grand, bien dégagé de l'os frontal, clair, éveillé, brillant, limpide, intelligent. Dans un animal aussi élevé dans la hiérarchie, la bouche doit toujours être bien faite, petite et sobre. Dans tout cheval bien élevé, le nez, dans sa partie supérieure étant vue de profil, doit accuser une ligne concave, et se relever à son extrémité inférieure, pour tenir grands et ouverts les naseaux. Cette conformation du nez est de toute rigueur dans un cheval vigoureux. Tout cheval, chez lequel cette conformation s'en éloigne, pour se rapprocher de celle du nez du mouton, est dépourvu de vigueur. C'est là un indice qui ne trompe jamais. Les formes dans la nature sont des plus significatives.

Le cheval vigoureux, d'attaque ou d'initiative, ne peut pas avoir, comme dans le mouton, l'extrémité inférieure du nez rentrée et courbée en arrière, mais bien au contraire, sortie et faisant saillie au dehors et en avant. On peut consulter à cet égard, aussi à titre de modèle, la tête du petit cheval marin, et celle des chevaux sauvages de belle race.

Cette conformation du nez du cheval est d'une trop grande importance, et trop facile à observer, pour que je n'arrête pas ici l'attention sur elle, particulièrement sur celle des chevaux de la basse Normandie. Presque tous les herbages de l'Orne, du Calvados et surtout ceux de la Manche, donnent naissance aux plus beaux bestiaux connus de la race bovine; mais, s'ils sont si convenables à la race bovine, comment le seraient-ils à la race chevaline, si au-dessus de la race bovine? C'est surtout dans les chevaux du Cotentin, que le nez de mouton s'accuse en caractère constant. La douceur n'étant pas, comme dans le mouton, le caractère qui doit dominer chez le cheval, cette douceur se traduit constamment en mollesse. Le Cotentin ne peut produire que des chevaux mous.

Dans le cheval de pur sang, le nez fait rarement saillie, beaucoup moins souvent que dans les chevaux bien élevés du Perche, de la Bretagne et des environs de Tarbes. Dans son espèce, il leur est donc inférieur.

Tels sont les principes fondamentaux, que j'ai déduits de l'examen attentif de la statue équestre de Georges III, à Londres.

Une dernière observation sur le cheval de sang. Le cheval de pur sang manque de calme et de sagesse dans l'organisation. Même à l'état de repos, il semble inquiet, et comme sous l'influence d'une excitation constante. Si, à l'écurie, sans qu'il vous voie, vous lui mettez doucement la main sur une partie quelconque du corps, vous l'avez saisi. Il est devenu impressionnable, et de plus, chatouilleux, impatient, susceptible, irritable. Beaucoup d'entre eux sont difficiles sur la nourriture et délicats de tempérament. Ne sont-ce pas ces luttes enragées, appelées courses, et ces préparations anormales par les toniques ou astringents, et tout à la fois ou un peu après par les laxatifs, sans parler des purgatifs, et aussi par ces sueurs forcées en une seconde et séchées dans le même temps, le tout décoré du nom d'entraînement, n'est-ce pas ainsi, qu'on a petit à petit DÉSÉQUILIBRÉ son organisation, et fait prédominer formément le système nerveux sur le système sanguin ? Je ne saurais trop le répéter, le cheval de sang est un cheval complétement DÉSHARMONISÉ ; il n'a ni modération, ni calme, ni sagesse. C'est un produit nerveux par excellence. On n'est jamais tranquille avec lui.

Concluons. LA RACE DES CHEVAUX DE PUR SANG n'est donc pas, comme on l'a dit, une amélioration, mais bien certainement UNE DÉTÉRIORATION DES PLUS ÉVIDENTES DE LA RACE ARABE.

Nous avons assez parlé du cheval pour dire deux mots de l'administration des Haras.

En principe, le Gouvernement doit toujours avoir en main la direction de toutes choses. Puisque les hommes d'élite sont créés pour diriger les masses, et que le Gouvernement est ou est toujours censé être composé de ceux-ci, c'est à lui d'indiquer la vraie voie. On a donc bien fait de confier à la direction des Haras la marche à suivre.

Depuis trente ans environ, le rapport de toutes les parties de la conformation extérieure et intérieure du cheval a gagné dans les chevaux, qui se sont ressentis, directement ou indirectement, de l'influence des Haras; car on sait que l'administration n'a jamais eu qu'une influence restreinte dans la reproduction, par le petit nombre d'étalons, dont elle dispose ou qu'elle approuve. Il y a évidemment aujourd'hui plus d'ensemble et d'harmonie. On eût été cependant beaucoup plus loin si, dans le premier amour du pur sang anglais, et le vertige qu'il a donné, on n'eût pas croisé assez souvent des lauréats des hippodromes avec des chevaux de charrette. Nous croyons que l'on a de tout temps judicieusement séparé les chevaux en trois catégories très-distinctes : le cheval de selle ou de galop, le cheval de voiture ou de trot, le cheval de trait ou de pas. Ce sont là des types à respecter. On ne peut pas plus améliorer le cheval de trait, en l'allégissant par le cheval de selle, que l'on ne peut améliorer le cheval de selle, en l'allourdisant par le cheval de trait. Il est possible que le sang du cheval de pur sang soit plus fluide, ce qui peut être nécessaire pour la rapidité de la course, mais il n'est pas du tout prouvé que cet avantage ne soit pas un inconvénient pour le cheval de pas. On l'a dit aussi plus richement composé ; mais cette richesse peut provenir d'une nourriture constamment et plus judicieusement choisie, et non de l'origine. ON NE PEUT CROISER HEUREUSEMENT QU'A UNE DISTANCE RAPPROCHÉE DU TYPE. Telle me paraît être la loi. On formera ainsi des sous-types répondant aux besoins que l'on éprouve. Tout ce qui est heurté est en dehors du plan de la création. La nature n'est que nuances, teintes et harmonies.

Chaque région, qui donne a ses types ses qualités, doit apporter en même temps ses défauts. Nous croyons aussi à cette vérité, et c'est sans doute sur elle, que la nature s'est reposée, pour nous forcer de croiser les types d'une région avec les types d'une autre.

Malgré les écarts, auxquels s'est laissé entraîner l'administration des Haras, à l'époque de la fureur de l'anglomanie, nous croyons néanmoins qu'à son influence la conformation générale du cheval s'est améliorée. Mais, pendant que les Haras cherchaient à relever les races au point de vue de l'origine, les théories égalitaires et communistes de M. de Dombasle, en méconnaissant dans les fourrages des destinations spéciales, tendaient à les abâtardir d'une façon bien autrement efficace, qu'une bonne direction dans les origines ne pouvait les relever. Malgré les Haras, nous sommes donc arrivés petit à petit à une décadence. Pour s'en convaincre, il ne s'agit que de voir les foires de Chartres, de Bernay, de la Guibray à Falaise, de Chauny, et du nord de la France. Ce ne sont plus là des chevaux. Le Midi seul a un peu résisté à l'engouement des théories nouvelles, et aussi les extrémités de la Bretagne. Ces pays saillissent heureusement au milieu de cette décadence prononcée.

L'anglomanie telle qu'elle a existé et existe encore, en pesant de tout son poids sur l'administration des Haras, lui a fait voter, bon gré mal gré, des primes et des encouragements pour des luttes sans raison, les moins convaincantes qu'il y eût au monde, et lui a fait choisir aussi, malgré elle, des étalons parmi ses victimes. Pendant de longues années, il a fallu en passer par là. Espérons qu'un jour, et ce jour est peut-être arrivé sous l'administration actuelle, où les Haras, dégagés de cette influence, voteront des encouragements pour des luttes sérieuses, respecteront les trois types si fondamentaux du cheval de selle, de voiture et de trait, chercheront à les faire recréer à nouveau, là où ils se sont effacés, serviront de guide et de conseil dans les croisements nuancés d'un type à un autre, pour donner naissance aux sous-types, et reprendront ainsi une marche plus assurée et plus sage, en tout conforme à une direction plus nationale.

DE L'INDUSTRIE.

CONSIDÉRATIONS GÉNÉRALES. Presque tout ce que nous avons dit au point de vue de l'Agriculture s'applique également à l'Industrie. Ne pas donner des récompenses presque à tout le monde, mais seulement à un petit nombre, et des récompenses en réalité méritées, abstraction faite des nationalités, élever leur valeur, de façon à largement rémunérer tous efforts, chercher à distinguer ce qui doit être résolu par la mécanique de ce qui doit être éternellement fait à la main, n'admettre que les objets, inventions ou découvertes, qui ont obtenu au moins une mention honorable aux concours nationaux, en un mot, prendre une initiative, poser des principes, adopter une voie, conduire, diriger, de façon à ce que ces concours internationaux méritent véritablement le nom de Congrès; tel doit être évidemment ce que l'on doit rechercher, au point de vue industriel, dans le Congrès européen dont il s'agit ici.

Ainsi, émouvoir toutes les capacités européennes, entraîner au travail et à la recherche des solutions des questions posées par l'appât et l'honneur des récompenses, tout ce qu'il y a d'hommes intelligents en Europe, épandre les lumières du Nord au Sud et de l'Est à l'Ouest, agrandir l'échelle de comparaison, partant la mesure d'appréciation, obtenir une lumière plus grande par une composition plus élitée et une échelle plus large des jurys, détruire ainsi tout esprit de système, rendre impossible toute injustice, mettre à néant toute coterie, empêcher par là que l'on s'engoue, qu'il en soit perpétuellement de l'Agriculture et de l'Industrie comme des modes, que l'on ne jure aujourd'hui que par les instruments anglais, les drins anglais, le Durham anglais, le cheval de sang anglais, pour reconnaître demain son erreur, recevoir, examiner, comparer tous travaux, admettre toute lumière; tels sont évidemment tous les avantages qui brilleront à tous les yeux par l'institution du

CONGRÈS EUROPÉEN AGRICOLE ET INDUSTRIEL.

VI

Conformément au plan que nous nous sommes tracé, examinons maintenant ce qui laisse tant à désirer dans les arts et les métiers, dans la physique et la chimie, dans l'histoire naturelle, la géographie, la science de la navigation, et dans toutes les sciences.

En France, pour étudier, par exemple, l'histoire naturelle des végétaux, on a procédé successivement avec les idées de Tournefort, de Linnée, de de Jussieu, et celle des animaux, avec les classifications de Cuvier; ~~encore, aujourd'hui, n'est-on pas bien d'accord, ni en France, ni en Angleterre, ni en Allemagne, ni ailleurs~~. Chacun, pour étudier la nature, a cherché un point de départ, une base, un principe. Faute d'accord, tout le monde peut encore donner son avis. Voici le mien :

Comme la nature procède avec ordre, elle part toujours de l'Unité ou du Centre, pour de là s'élancer vers la Variété ou la Circonférence. Tout dans la nature a son Centre ou son Unité; tout Centre ou toute Unité a sa Circonférence ou sa Variété. Le Point de départ de la création, sa Base, son Principe, son Unité, son Centre, c'est évidemment l'AMOUR; mais son point d'arrivée ou la Circonférence de ce centre est encore et toujours de l'Amour, mais de l'Amour varié, et compris sous toutes ses faces. Voilà pourquoi il faut la réunion du Sentiment (centre) et de l'Intelligence (circonférence) là où il y a véritablement de l'Amour, car AIMER c'est sentir et comprendre.

L'AMOUR (Sentiment et Intelligence) est le feu des feux, et la lumière des lumières. Au contact de son feu, toute difficulté se résout ; à l'éblouissement de sa lumière, tout resplendit. Aveugle est le pays qui n'inscrit pas cette vérité en tête de tous ses arts, en tête de toutes ses sciences, en tête de sa civilisation ; aveugle est le pays, qui ne l'élève pas haut, au front de tous ses monuments, à la crête de tous ses drapeaux, et ne sait pas marcher ainsi à la conquête du monde.

J'ai pris l'étude de l'histoire naturelle pour exemple, j'en dirai seulement deux mots :

La Création est une Hiérarchie. Dans la Hiérarchie minérale, végétale et animale, la supériorité des espèces est en raison de l'importance des services qu'elles rendent a l'homme. Ces services sont, a notre égard, leurs preuves d'Amour. C'est dans ce sens que l'homme est véritablement le Roi de la création.

M. Toussenel s'exprime ainsi à la première page de l'introduction de son ouvrage sur *l'Esprit des Bêtes* :

« Une seule loi régit l'univers : l'Amour. Amour « est le moteur divin, irrésistible, qui attire la terre

« vers le soleil, l'amant vers sa maîtresse, la séve vers « l'extrémité des rameaux, la molécule métallique, « soi-disant insensible, vers la molécule de même « nature. Que cette puissance s'appelle Amour, Attrac- « tion, Affinité moléculaire, le nom ne fait rien à la « chose : elle est une ; c'est le principe universel de « mouvement et de vie ; c'est la force venant d'en « haut, et à laquelle cèdent avec entraînement tous les « êtres créés. »

C'est bien. Mais si l'amour est la seule loi qui régit l'univers, pourquoi dites-vous à la page précédente :

« Le rang des espèces animales est en raison directe « de la ressemblance avec l'homme, et la progression « vers ce type supérieur est la loi de mouvement de « l'animalité. »

Non, Monsieur, vous vous trompez. Votre principe n'est pas assez général ; il manque d'universalité, en ce sens, qu'il ne saurait s'appliquer aux espèces minérales et végétales. Comment voulez-vous que le fer ou le cuivre, la betterave ou le blé, se rapprochent de la ressemblance de l'homme? Ce seul exemple doit vous suffire.

Vous l'avez dit, une seule loi régit l'Univers: l'Amour. Veuillez mettre la base de votre étude d'accord avec ce principe universel. Vous nous avez rappelé aussi que les animaux aimaient l'homme. Ne se pourrait-il pas que les minéraux et les végétaux, au moins par analogie, l'aimassent aussi? Vous voyez donc que, d'après vous, on ne doit étudier l'histoire naturelle qu'en recherchant dans toutes les espèces des trois règnes de la nature LEURS PREUVES D'AMOUR.

Tout le monde connaît l'esprit de M. Toussenel, et il en a beaucoup; mais l'esprit, si grand qu'il soit, n'a jamais dispensé d'être un peu plus logique.

J'ai cité ici l'histoire naturelle, parce qu'il semble que chacun soit appelé à savoir quelque chose de cette science-là. Mais, étudiez tel métier, tel art, telle science que vous voudrez, l'art du potier ou celui du maçon, la physique ou la chimie, la mécanique ou la minéralogie, la science de la navigation ou encore mieux la science de la médecine; parcourez ensuite l'Europe et écoutez chaque professeur : vous serez étonné, surpris, frappé de l'assurance avec laquelle chacun, dans son coin, tient à avoir raison, sans tenir compte, en aucune façon, de la science des autres. Voilà où nous en sommes.

J'ai dit aux pages 150 et 151 combien il y avait à se défier aujourd'hui des chimistes, qui, sans doute, en l'absence de cultivateurs de quelque mérite, encore si rares, avaient la prétention de donner à ceux-ci, à titres de guides et de conseils, le résultat de leurs analyses. Je n'y reviendrai pas ici. Mais à propos de sciences, on voudra bien permettre que je dise deux mots de celle que l'on appelle bien à tort la science de la navigation. Pendant vingt-cinq ans, je me suis occupé d'agriculture. Or, il faut bien que l'on sache que les hommes, qui respirent tous les jours l'air pur à pleine poitrine, qui vivent constamment face à face avec le bleu du ciel et le vert des champs, et que le soleil réjouit de sa lumière et échauffe de son feu, ont de tout autres appréciations et façons de juger que les gens des villes. A Paris, à l'Institut, on croit, de la meilleure foi du monde, que l'on est arrivé, à cette époque, à peu de chose près, à l'apogée de la science de la navigation. Il faut donc qu'à cette occasion je dégonfle un peu ma poitrine, et que je dise, au moins une fois, pleinement et à l'aise, ce que j'ai dans l'âme.

Il n'y a, jusqu'ici, ni art, ni science de la navigation. Tous les principes, sur lesquels la navigation est fondée, ne sont pas des principes. Ce sont de magnifiques illusions, que l'âge a consacrées, et qui n'ont pour raison que leur ancienneté. Si les troupeaux veulent être dirigés par des bergers, disons que les bergers ne sont quelquefois guère plus habiles que les troupeaux, ni moins routiniers que ceux-ci. Si vous croyez que je m'avance trop, qu'il vous suffise de savoir, pour l'instant, que Bacon est avec moi, et non avec vous. On ne fait pas progresser une science, en greffant tous les jours une erreur sur une autre. Nous ne sommes que de pâles copistes des Grecs et des Romains, et aussi stériles que les architectes d'aujourd'hui. Je voudrais, en quelque endroit, pouvoir nous relever un peu à nos yeux, mais je ne puis pas le faire. Nous sommes dans l'ignorance la plus complète des principes les plus élémentaires de la science de la navigation. Tout est à refaire.

J'étais encore jeune lorsque je me fis ce raisonnement :

Les Océans et les Mers ont reçu de Dieu une destination principale. Les ressources inépuisables qu'ils renferment, comme alimentation, devraient s'ajouter dans de bien autres proportions à celles que l'homme recueille à la surface du sol. Mais ce n'est pas de cette destination qu'il s'agit ici. Dieu leur en a donné une autre, celle d'assigner aussi des limites éternelles aux continents. Tout en servant de limites, il est évident que les Océans et les Mers sont ou des barrières destinées à séparer à tout jamais les habitants des continents, ou des chemins destinés à les réunir. Ou c'est l'une ou c'est l'autre des deux propositions qui est la vraie. C'est un dilemme dont il est temps de sortir. Si les Océans et les Mers sont des barrières destinées à séparer à tout jamais les habitants des continents, il est de tout évidence que le but du Créateur, à cet égard, est imparfaitement atteint. Mais, comme le Créateur ne peut qu'atteindre dans toute sa perfection toutes les fins qu'il s'est proposées, cette façon de penser n'est pas admissible. Il faut donc en revenir à cette autre opinion, que les Océans et les Mers sont des chemins destinés à réunir les habitants des continents. Mais s'il y a là des chemins, comment le danger incessant de la navigation actuelle, comment ses sinistres de chaque jour, disons mieux, comment ses immenses désastres, qui engloutissent dans une seule tempête jusqu'à des milliers de familles, comment tous ces pleurs, ces sanglots et ces ruines, s'ils devaient éternellement se répéter, pourraient-ils concorder avec la bonté du Créateur? C'est ce problème que je vous dis que j'ai résolu. C'est à la suite de longues réflexions, que j'ai acquis la conviction, que je possède aujourd'hui, d'avoir trouvé les Éléments-Principes de la science de la navigation.

Peut-on croire éternellement qu'un incendie sur un vaisseau est à craindre sur mer?

Comment admettre éternellement que le choc d'une roche peut seul déterminer un naufrage?

Pourquoi serions-nous éternellement malades sur mer d'un mal, qui arrache les entrailles?

Pourquoi la surface des eaux ne serait-elle pas aussi solide que le plancher des vaches, si les plaines liquides sont véritablement des chemins?

Pourquoi serions-nous éternellement exposés au danger d'être jetés à la côte?

Pourquoi, plus que sur terre, fuirions-nous devant l'orage?

Pourquoi enfin n'aurions-nous pas les conditions nécessaires pour naviguer en pleine tempête sur la mer Noire, etc., etc.?

En agriculture, en histoire naturelle, en navigation, en médecine, en économie sociale, et dans tant d'autres sciences, tout me prouve que nous sommes encore dans la période d'enfance.

Dans un ouvrage, où toutes les Réformes et Institutions européennes que je propose ont été longuement réfléchies, et lentement mûries, j'ai lieu de penser que mon lecteur me fera la politesse de croire que mes idées sur la navigation, sur lesquelles j'ai des raisons pour ne point m'expliquer davantage, ne sont pas plus risquées que toutes les autres. On verra d'ici peu, je l'espère, que je puis tenir tout ce que j'avance.

En voilà assez pour la PARTIE SCIENTIFIQUE; disons maintenant deux mots de la PARTIE ARTISTIQUE du nouveau congrès.

Pour mettre plus d'ordre dans nos observations, nous diviserons la PARTIE ARTISTIQUE en quatre sections :

1° L'ARCHITECTURE,

2° LA SCULPTURE,

3° LA PEINTURE,

4° LA MUSIQUE.

1° DE L'ARCHITECTURE.

Si nous remontons à 4000 ans dans l'histoire, nous trouverons à l'origine l'architecture égyptienne. Cette architecture témoigne des premiers efforts des hommes, pour donner un aspect imposant à leurs monuments. Là tout est simple et primitif. Rien ne séduit l'œil, mais tout impose à l'esprit, par la masse et le gigantesque des matérieux.

Les Grecs ont beaucoup emprunté à l'Égypte. Évidemment, l'architecture grecque est sortie de l'architecture égyptienne. Ici tout se perfectionne. Tout est réfléchi, étudié, élité avec goût, compassé, proportionné, harmonisé. On donne naissance à trois ordres distincts d'architecture : l'ordre dorique, ionique et corinthien. Mais l'architecture n'étant que la reproduction, sous une forme donnée, de la Pensée ou du Sentiment, tout dans l'architecture des Grecs révèle un développement intellectuel très-remarquable, mais une absence complète de Sentiment. Tout est droit, tiré au cordeau, anguleux et sec, froid et glacé. On ne trouve rien d'arrondi ni dans leurs portes, ni dans leurs fenêtres. Leur architecture témoigne d'un peuple très-intelligent et très-esthéticien, mais, je le répète, qui ne s'est point encore élevé à la vie sentimentale.

Les Romains héritent des Grecs, comme les Grecs avaient hérité des Égyptiens. On s'en tient encore au compas, mais tout ce que détermine la simple ouverture du compas est adopté : de là le cercle parfait et le plein-cintre, qui vient remplacer la plate-bande égyptienne, dégrossie, et construite avec art par les Grecs. Un premier pas est donc fait vers la ligne courbe?

Le Christ naît. L'architecture reste stationnaire, tant que les chrétiens restent en lutte avec l'ancien monde païen. Mais, quelques siècles après la mort du Christ, la question est jugée. Il faut faire figurer le progrès dans la pierre. L'ardeur des chrétiens métamorphose l'architecture. On s'essaie dans l'architecture romane. L'architecture gothique est en germe dans les esprits. LA LIGNE COURBE, EXPRESSION LINÉAIRE DU SENTIMENT, tend à se marier avec la LIGNE DROITE, EXPRESSION LINÉAIRE DE L'INTELLIGENCE. A partir du huitième siècle, l'architecture gothique, s'enrichissant successivement de l'architecture byzantine et arabe, apparaît, grandit, s'épure, et des milliers de monuments et de cathédrales, dont la plupart sont des chefs-d'œuvre, couvrent la surface de l'Italie, de l'Espagne, de la France et de l'Allemagne. Les questions sentimentales et humanitaires ont fait un pas: L'esclavage s'est adouci. C'est le servage qui le remplace. On ne dispose plus des hommes, mais seulement d'une partie de leur travail. La tour ronde et la tourelle remplacent la tour carrée. L'architecture s'empreint donc et de l'ardeur religieuse de l'époque, et aussi du caractère que lui imprime sa métamorphose sociale. Chaque ligne, chaque détail nous en conserve aujourd'hui le témoignage. Le plein-cintre, si raide à l'œil, se surbaisse dans les portes et les fenêtres des châteaux et des monuments, et aussi dans les portes des cathédrales; il se relie aux lignes verticales de celles-ci par des angles arrondis : il s'élève au contraire dans les fenêtres de toutes les églises, pour indiquer combien à cette époque on compte sur les faveurs du ciel. La ferveur générale enfante l'ogive. Les colonnes cannelées des Grecs sont tournées en spirales. Chœurs, nefs, bas-côtés, ogives, colonnes, autels, sculptures, dentelles, tout devient svelte et gracieux, tout tend à s'élancer, et à faire monter la prière aux cieux. Peut-on voir quelque chose de plus gracieux, que les jeux des courbes enlaçantes des rosaces? Quelle délicatesse dans les frises? On caresse la Divinité, si je puis m'exprimer ainsi, en l'enlaçant de dentelles de pierres. Tout est poli, fini, perlé avec un goût souvent exquis. Rien ne coûte pour témoigner à Dieu combien on a le désir de bien faire. L'architecture gothique est par excellence l'architecture sentimentale, au même titre que la Religion chrétienne est par excellence la religion de la Femme.

Mais AIMER DIEU, ainsi que je l'ai dit dans l'épigraphe de ce livre, ce n'est pas seulement le SENTIR, c'est le SENTIR et le COMPRENDRE dans ses œuvres. Les chrétiens ne l'ont pas bien compris; leur architecture en porte visiblement l'empreinte. Ils n'ont vu partout que mystères et que nuages; mais Dieu est bien autrement éblouissant pour l'homme, qu'il n'est mystérieux, témoin son soleil, qui en est pour nous la plus parfaite image. Tous les chœurs des cathédrales gothiques du moyen âge formaient une enceinte de sculptures, que le regard des fidèles ne pouvait pénétrer. Au moment suprême, à l'élévation, le prêtre élève encore l'hostie au-dessus de sa tête, pour la montrer de loin au peuple agenouillé. Je ne vois rien dans la nature qui autorise à penser que Dieu veuille se cacher ainsi à l'humanité. Tout au contraire nous prouve que Dieu entend se montrer à tous dans toute sa majesté, dans toute la chaleur de son feu, dans tout l'éclat de sa lumière. Vos cathédrales sont froides, et, à coup sûr, je puis assurer qu'elles manquent de lumière. Vos vitraux violets, bleus, verts, jaunes orangés, rouges, en agissant sur l'organe de la vue, font naître dans l'esprit, sur la Divinité, des idées fausses. Vous avez peur de l'éclat de la lumière blanche, la seule qui, ne pouvant pas se prêter aux illusions, ne peut que donner des idées vraies. Ce que le sentiment porte toujours en lui de confus et de vague est exprimé dans votre architecture; mais le sentiment demande à être éclairé par l'intelligence, comme la femme demande à être éclairée par l'homme. Vous avez fait aussi bon marché de la liberté humaine, vous l'avez enchaînée à l'efficacité de la grâce. Ce n'est pas, selon vous, l'homme, qui se sauve, mais la grâce seule, qui peut le sauver. Vous n'avez pas compris que la fatalité du plan de la création, a titre seulement de prédominance dans le plan, se combinait avec la liberté humaine.

On sent toutes ces erreurs dans le mirage de vos vitraux, et la hauteur de vos ogives, du haut desquelles il semble que le Saint-Esprit va descendre, pour sauver un petit nombre d'élus. Pourquoi pas un grand nombre? Tout cela sent la protection, la faveur. Dieu peut-il faire autrement que d'être juste avec tous? N'est-ce pas en empruntant à cette mesquine philosophie, que les Rois de France en sont venus à graver sur notre monnaie :

DIEU PROTÈGE LA FRANCE?

Si chaque peuple se mettait en tête de graver sur sa monnaie d'aussi étranges prétentions, comment Dieu pourrait-il s'en tirer au milieu de toutes ces protections-là?

L'architecture gothique a admirablement rendu jusqu'aux erreurs du christianisme; si beaucoup de choses, dans l'ensemble et le détail de ses monuments, satisfont au point de vue du sentiment, beaucoup d'autres laissent beaucoup à désirer au point de vue de l'intelligence.

Vient 89. Le mouvement social brise avec le moyen âge, et en fait voler les éclats à la tête des vieilles monarchies de l'Europe. Le servage est aboli, toute la hiérarchie sociale renversée, l'homme libre. Les excès du servage et de l'inégalité sont corrigés, l'un, par l'esprit outré de liberté, l'autre, par l'esprit exagéré d'égalité. LES EXTRÊMES SE CORRIGENT ENTRE EUX. Si l'esprit de liberté et d'égalité est encore si mal entendu de nos jours, toutefois l'esprit de Fraternité subsiste, va se développant d'heure en heure, et c'est là la base véritablement révolutionnaire du Christianisme, désertant l'Église pour entrer dans la loi.

Mais le mouvement de 89 s'est arrêté au Rhin, aux Alpes. Il a brûlé, consumé la vieille France, mais la flamme de ce feu demande aujourd'hui à embraser l'Europe. Un point ne saurait être sensiblement plus chaud, sans que tous ceux qui l'approchent ne soient sensiblement moins froids, et ne viennent ainsi à s'échauffer de sa chaleur. L'INTENSITÉ ET L'ÉTENDUE SONT RELIÉES DANS LE MONDE, DANS UNE SEULE ET MÊME LOI. SI LES CORPS INERTES, AU FUR ET A MESURE QU'ILS S'ORGANISENT ET S'ÉVEILLENT A LA VIE, DEVIENNENT DE MOINS EN MOINS BONS CONDUCTEURS DE L'ÉLECTRICITÉ, LES CORPS VIVANTS, AU FUR ET A MESURE QU'ILS S'ANIMENT, LE DEVIENNENT AU CONTRAIRE DE PLUS EN PLUS DE LA FRATERNITÉ. C'est donc peut-être faute d'étendue, que les nouvelles idées, qui ne se sont assises que sur une très-petite surface, n'ont point encore ému nos architectes? Rien de ce mouvement, pourtant gigantesque, et des idées qui en sont sorties, ne s'est exprimé jusqu'ici dans la pierre. Une nouvelle architecture, exprimant les progrès de l'esprit de Fraternité, le développement du Sentiment et celui de l'Intelligence, est évidemment à créer; mais aucun architecte, jusqu'ici, ne paraît s'en douter. C'est à qui fera le plus œuvre d'immobilité. Celui-ci copie purement et simplement l'architecture grecque : la Madeleine est une copie du Parthénon. Cependant il y a 2,289 ans que Périclès est mort, et les idées des Grecs sont jugées et mortes avec eux. Celui-là copie platement l'architecture gothique : la nouvelle église de Sainte-Clotilde, à Paris, est une des copies les plus pâles des cathédrales du xve siècle, et les idées du xve siècle, déjà loin de nous, sont également jugées depuis longtemps. En ce moment, il ne faut donc rien demander, faute d'architectes. Le peu qui porte encore ce nom ne semble pas disposé à faire du neuf, mais simplement à se contenter d'une impuissance visible à tous les yeux, et d'une stérilité complète.

Mais un homme à idées larges et vastes, froid en apparence, mais entreprenant en réalité, patient, mais possédant par excellence l'esprit de suite, si rare en France, taillant dans le vieux, comme les autres dans le neuf, ne reculant devant aucune difficulté, décidé à faire du grand, trace des boulevards et des rues de trois à quatre kilomètres, ordonne tous percements qui lui paraissent nécessaires, déblaie ou remblaie comme en plein champ, en peu d'années, élève d'admirables Marchés, achève le Louvre, trace l'Avenue de l'Impératrice, rend verdoyants le bois de Boulogne et celui de Vincennes, ouvre partout des issues à l'air, à la lumière et au soleil, fait revivre le vieux Paris d'une vie nouvelle, ressuscite sa grandeur, prépare une place rivale à celle de la Révolution, et jette enfin, autour de l'Arc de Triomphe des armées de la République et de Napoléon Ier, les fondations du Nouveau Paris, pour être cette fois non plus seulement la Capitale de la France, mais bien la Capitale de l'Europe. Bravo! NAPOLÉON III EST UN ARCHITECTE.

Quand je réfléchis que, depuis 6,000 ans on bâtit des villes nouvelles, je demande si jamais on a présenté des plans d'une ville qui méritassent d'attirer l'attention. Quand on songe que nos villes sont une copie d'Herculanum et de Pompeï, et qu'Herculanum et que Pompeï sont probablement des copies des villes grecques, comme celles-ci des villes égyptiennes, on voit clairement de quel poids a pesé jusqu'ici l'esprit de routine. Mais, comme aujourd'hui nous avons à notre tête un homme d'une grande initiative, et qu'il ne s'agit de rien moins que des fondations du Nouveau Paris, nous croyons devoir saisir cette occasion pour présenter ici quelques idées neuves.

Une brochure, dans laquelle je trouve à ce sujet des idées très-saines, vient de paraître. Elle est de M. J.-B. Dessirier, et porte le titre de : *Symétrie des constructions dans les villes.* (Paris. Dentu, libr.)

Voici ce que j'y lis :

« La symétrie, l'agencement des maisons et leur « concordance, qu'il nous soit permis de le dire, laissent « beaucoup à désirer dans toutes les villes. De récentes « et innombrables reconstructions semblaient pourtant « devoir amener quelques amendements; mais, sans « s'inquiéter des lois de l'harmonie, on continue, « comme autrefois, à JOINDRE L'UN A L'AUTRE DES « BATIMENTS EN PLEINE DISCORDANCE, SOUS LE RAPPORT « ARCHITECTURAL, et qui, formant de longues files, « représentent assez bien des chapelets composés de « grains mal assortis. Quelquefois, au contraire, on « semble avoir RECHERCHÉ CE QU'IL Y A DE PLUS « UNIFORME, conséquemment DE PLUS MONOTONE, EN « BATISSANT SUR LE MÊME MODÈLE TOUTES LES MAISONS « DE LA MÊME RUE. Or, le problème à résoudre, c'est « d'éviter ces deux défauts opposés. La chose est facile, « et c'est peut-être parce qu'elle est fort simple, qu'on « n'y a point encore songé.

« Pour atteindre le but, il ne s'agit que de rendre « les maisons indépendantes l'une de l'autre, en les « isolant, en les séparant par des intervalles, de sorte « que, très-développées, elles aient CHACUNE QUATRE « FAÇADES, RÉGNANT SUR QUATRE RUES. Ainsi isolées, « il n'existerait plus la moindre difficulté pour en « varier à l'infini l'architecture, et il serait désormais « loisible aux architectes, non-seulement de REPRO- « DUIRE EN UNE SEULE ET MÊME RUE, sans que l'har- « monie fût blessée en aucune manière, LES ÉDIFICES « FORT DIVERS QUE L'ON A ÉLEVÉS DANS TOUS LES TEMPS, « DANS TOUS LES LIEUX, mais encore de donner pleine « carrière à leur propre imagination, d'autant plus « hardie et féconde, alors que rien ne l'entraverait, « alors qu'elle jouirait d'une liberté complète. Et ici, « plus que partout ailleurs, les constructions qui ne « seraient pas d'un goût irréprochable, auraient cela « d'heureux, cependant, qu'elles viendraient former « ombre au tableau, et serviraient à en faire mieux « ressortir les beautés réelles.

« Le plan de la ville présenterait à peu près l'aspect « d'un damier, dont plusieurs cases resteraient vides, « soit comme places publiques, soit pour y construire « plus tard des monuments communaux; mais devant « s'étendre indéfiniment, tantôt dans un sens, tantôt

« dans un autre, selon les besoins imprévus, selon « les accidents ou la configuration du sol, ce damier « ne serait presque jamais carré, et ses extrémités, « prenant toutes sortes de formes, offriraient, par leur « irrégularité même, l'agrément d'un panorama tou- « jours original, souvent pittoresque.

« Quoiqu'elles servissent d'encadrement à chaque « maison, les rues pourraient avoir la même largeur « que les boulevards de Paris, et malgré ces grands, « ces multiples intervalles réservés à la circulation « des personnes, à la libre expansion de l'air et du « soleil, on n'en logerait pas moins la quantité de « monde raisonnablement voulue sur la surface, qu'em- « brasserait la ville entière, pourvu que le nombre « des étages fût plus considérable qu'il ne l'est géné- « ralement aujourd'hui, et qu'on usât ici de toute « la latitude accordée par les règlements à cet égard. « Dès qu'une maison fort étendue n'occupe qu'un « point relativement restreint sur un vaste emplace- « ment, il n'y a pas d'inconvénient à ce qu'elle soit « très-haute, et même, chacun le sait, la propor- « tionnalité l'exige d'une manière rigoureuse; aussi « le Louvre semble-t-il manquer d'élévation, depuis « qu'il est amplement dégagé. D'ailleurs, la place « que l'on acquiert en s'élevant dans l'espace

« coûte relativement peu de chose, lorsque, par « suite ou en prévision d'une agglomération nom- « breuse, le prix du terrain est devenu exorbitant.

« Rien n'empêcherait que des rues si larges fussent « ornées d'un double rang d'arbres, procurant de « l'ombre et de la fraîcheur en été, purifiant l'atmo- « sphère et réjouissant la vue, qui, du centre ou d'un « point quelconque de la ville, pourrait se projeter au « loin jusqu'à travers la campagne.

« Le système d'isolement comporte beaucoup d'avan- « tages, qui lui sont particuliers et que chacun peut « prévoir, sans qu'il soit besoin de les énumérer ici. « Faisons remarquer, cependant, qu'il procure la faci- « lité de démolir et rebâtir une maison sans gêner les « voisins ni en être gêné. Puis il permet de porter « secours aux incendies par tous les côtés à la fois. Les « maisons étant d'ailleurs éloignées l'une de l'autre, « le feu se trouve naturellement coupé, et on n'aura « plus à craindre de voir les flammes se propager de « celle-ci à celle-là.

« Dans cette ville, enfin, extrêmement facile à par- « courir dans tous les sens, chaque maison sera une « petite cité, qui, pouvant contenir cent familles, ou « environ cinq cents personnes, recevra le jour par « les fenêtres de quatre façades, tant extérieures qu'in-

« térieures, ces dernières ayant vue sur une grande « cour avec jardin au centre. On y jouira donc partout « d'une clarté abondante, inconnue dans la plupart « des maisons actuelles, qui, généralement privées de « cour, n'ont qu'un seul corps de logis sans profondeur, « sorte de placage ressemblant à une décoration de « théâtre. Ou bien, s'il s'y trouve une cour, elle est fort « étroite; c'est un puits, où le soleil ne pénètre jamais.

« On objectera peut-être que des maisons si consi- « dérables seront d'un prix fort élevé, et qu'il ne se « rencontrera pas un nombre suffisant de personnes « assez riches, pour les faire construire ou les acheter. « Mais cette difficulté est plutôt apparente que réelle, « pour peu que l'on réfléchisse, que chaque maison « peut former quatre, huit et même douze propriétés « distinctes, qui, au besoin, seront bâties une à une, « à différentes époques plus ou moins éloignées. Les « façades d'un seul et même genre d'architecture les « harmoniseront. »

M. Dessirier termine ainsi :

« Quand tout marche sans cesse vers une perfection « infinie, pourquoi la symétrie des constructions, l'une « des mille parties essentielles au grand concert de « l'humanité, resterait-elle plus longtemps attardée « dans les ténèbres d'un passé qui s'éteint? »

C'est dans quinze pages que M. DESSIRIER nous a présenté d'aussi bonnes idées. C'est un exemple à suivre, pour tant d'écrivains, littératurant aujourd'hui au mètre carré et au poids du volume, et qui, décourageant les acheteurs par le nombre de pages, dans lesquelles on ne trouve que des idées depuis longtemps rebattues et ressassées, vous font perdre ainsi un temps précieux, sans compter votre argent, pour, en définitive, ne jamais vous donner rien de neuf.

L'idée d'isoler chaque maison nous paraît être la propriété de M. DESSIRIER. Nous croyons devoir lui en laisser toute la valeur, et prendre ici la liberté, avant d'y joindre les nôtres, de la recommander à NAPOLÉON III.

Parlons d'abord de la construction des maisons.

Si au moyen âge un architecte eût fait le reproche à un seigneur de n'avoir point fait choix de tels ou tels matériaux pour la construction de son château, celui-ci eût presque toujours pu lui répondre : C'est facile à dire, mais c'eût été bien difficile à exécuter; nous n'avons pas de chemins. — Mais, aujourd'hui qu'il y a des chemins partout, sans compter les chemins de fer, voici ce que je crois devoir demander à nos architectes :

Quand vous élevez une maison ou un monument, pourquoi posez-vous vos pierres de taille sur des cales, et remplissez-vous les vides avec du plâtre? Si toutes les pierres de vos édifices reposent sur des cales, elles n'ont entre elles aucune liaison; si vous m'objectez que le plâtre les unit, je vous répondrai que le plâtre employé extérieurement se défait d'année en année, et va tous les jours perdant tout corps et toute liaison avec vos pierres. Il se retire petit à petit; vos murs n'ont bientôt plus de liaison aucune, et chaque pierre, en fin de compte, reste calée l'une sur l'autre.

Chaque chose a sa place et sa destination dans la nature. Celle du plâtre est de vous servir intérieurement à enduire vos murs, vous préserver de l'humidité, et à faire vos plafonds. Pourquoi ne bâtissez-vous pas vos murs de pierres de taille, sans cale aucune, avec du mortier de chaux, et aussi avec lui ceux construits en moellons? La chaux, tout au contraire, prend du corps d'année en année; tout mur construit avec elle, dans un temps donné, peut être considéré comme d'une seule et même pierre. C'est pitoyable de ne pas vous voir agir ainsi. Afin que tout le monde ne se moque pas de vous, ne dites pas que c'est parce que les carrières de plâtre sont près de Paris et la butte Montmartre au dedans de Paris. Grâce à vous, Paris est une ville de boue et de crachat, y compris ses Monuments. C'est sur vos cales et votre plâtre que le nouveau Louvre est en équilibre. Vous n'êtes plus des artistes. C'est bien là ce que penseraient de vous les architectes du château de Guillaume le Conquérant à Falaise, de celui de Pierrefonds, de la tour de Monthléry, de Montépiloi, et de milliers de Châteaux, de Tours, de Cathédrales et de Monuments du moyen âge, et des temps anciens, dont la solidité est telle, et les murs et les arêtes des murs encore si bien d'aplomb, qu'on les croirait bâtis d'hier.

Passons à d'autres considérations.

Si le Nouveau Paris doit être la Capitale-modèle de la France, et aussi la Capitale-modèle de l'Europe, pourquoi la Ville de Paris n'ordonnerait-elle pas que tous les murs ne devront dorénavant être bâtis qu'en pierres de taille, moellons ou briques, et les planchers et les toits toujours en fer, et non plus en bois. En défendant de faire emploi du bois dans les murs, les planchers et les toits, on le mettrait ainsi à l'abri de tout incendie sérieux. Le bois n'est pas destiné à entrer dans la charpente des maisons.

Comme tous les corps qui ont vécu, le bois veut être plus près de l'homme, sous son pied ou sa main, à titre de parquets, de boiseries, de fenêtres, de persiennes et de portes. C'est pour cela que Dieu l'a fait agréable au toucher. Les architectes d'aujourd'hui ne s'occupent pas de ces harmonies-là.

Il y a en France des milliers de genres de pierres et de briques, de couleurs et de tons des plus variés, qui, rapprochées dans les murs, feraient des harmonies charmantes. On ne se contente pas aujourd'hui de faire les maisons uniformes de dessin, il faut encore qu'on les fasse uniformes de ton. En attendant qu'on emploie ces matériaux, j'ai fait la remarque que toutes les maisons de Paris sont blanches, sans doute par cette raison, qu'il y a du plâtre dans la butte Montmartre, et des carrières de pierres blanches aux environs de Paris.

Parlons un peu maintenant de la décoration des maisons.

Dans chaque famille, il y a bien en moyenne deux enfants, un monsieur, auquel souvent ses occupations empêchent de respirer l'air, une dame, qui se lève à midi, et se calfeutre à plaisir, et une domestique, qui s'asphyxie plus ou moins, cinq heures durant, par les émanations de son charbon de bois. Comment se fait-il qu'aucun architecte n'ait jamais eu l'idée de placer à chaque étage, sur de légers supports en fonte, des dalles de pierre d'un mètre de large, pour faire prendre un peu l'air à tout ce monde-là? Des enfants seraient si heureux de jouer toute la journée sur des balcons. Ils y auraient des maisons, des bergeries, des vacheries, des herbages, des cultures, des chevaux, des forts détachés, de l'infanterie, de la cavalerie et de l'artillerie; le teint du père serait un peu moins blanc, celui de la mère un peu moins jaune, et celui de l'enfant un peu moins vert, sans parler du teint de la bonne. Toute femme pourrait avoir des fleurs. Les fleurs et les femmes sont faites pour vivre ensemble, et ne jamais être séparées. On aurait des idées plus saines à Paris, si tout le monde avait un peu meilleure mine. MENS SANA IN CORPORE SANO.

Nous sommes toujours les fils des Gaulois. Comme eux, nous avons le cœur bon, mais l'écorce rude. Il y a quelque chose de maigre, d'écourté, de sec et de roide dans nos toits, qui couvrent tout juste nos maisons. La pluie, la neige, la grêle battent nos murs et nos fenêtres. Comme dans l'architecture suisse, pourquoi ne pas leur donner de l'ampleur, de façon à nous abriter amplement et de tous côtés?

Une avance de toit de deux mètres ne laisserait pas que de protéger aussi nos piétons sur les trottoirs contre les intempéries. En tout cas, rien que cette amélioration donnerait à nos maisons un aspect infiniment plus confortable, plus cossu, plus humain et plus hospitalier.

J'ai dit que la LIGNE COURBE était l'EXPRESSION LINÉAIRE DU SENTIMENT. Si véritablement nous avons fait quelques progrès à cet égard, sans adopter le cintre surbaissé du moyen âge, pourtant si gracieux, pourquoi ne pas arrondir tous les angles des portes et des fenêtres. Il faut avoir bien peu d'imagination, pour ne pas voir à l'avance, combien l'ensemble de toutes ces ouvertures, arrondies dans leurs angles, serait doux et agréable à l'œil.

Nous trouvons encore une idée heureuse dans l'architecture suisse, c'est celle d'inonder un appartement de lumière, par le vide d'une grande ouverture, divisée en plusieurs fenêtres. Les salons de réception devraient être éclairés ainsi. Cette disposition détruirait la monotonie, qui résulte infailliblement de l'uniformité dans les ouvertures d'un grand nombre de fenêtres, qui font ressembler une grande maison à une grande caserne.

Avant de terminer ce que j'ai à dire des maisons,

il m'est impossible de ne pas communiquer une observation, que j'ai faite depuis longtemps.

J'ai visité un assez grand nombre de ruines de châteaux des seigneurs du moyen âge. Partout j'ai remarqué que les domestiques et les serfs habitaient les étages infimes des tours et des châteaux. C'était juste. Ce qui est infime dans l'échelle des sociétés doit habiter les étages infimes des maisons, qu'elles construisent. Dans un siècle de lumière, où l'on croit voir tout si clairement, dans la capitale, à Paris, les ouvriers et les domestiques habitent la partie la plus élevée des étages des maisons, et les riches les parties les plus infimes. Les premiers sont au plein de l'air, de la lumière et du soleil, et ne peuvent avoir pour tableau que le bleu du ciel; les seconds sont étourdis du bruit de la rue, ne peuvent respirer que les odeurs qui s'en exhalent, et sont constamment face à face avec de sales murs jaunes ou noircis par le charbon de terre. Sans craindre de se tromper, on peut assurer par ce fait, que les classes infimes sont ainsi à califourchon sur les classes élevées, et les domestiques à califourchon sur les maîtres.

Aucun architecte n'a eu l'idée de bâtir une maison à deux entre-sols, composés entièrement de petits appartements, pour loger les ouvriers, les domestiques et les petits ménages, et d'édifier au-dessus trois étages, élevés de plafonds, pour les classes riches ou supérieures. Dans notre société, où tant de choses demandent à être petit à petit remises à leur place, tous ceux qui sont riches ne sont pas pour cela supérieurs, mais je ne puis pas séparer les deux adjectifs, car, EN PRINCIPE, TOUS CEUX QUI SONT SUPÉRIEURS, ET SEULEMENT CEUX-LA, DEVRAIENT ÊTRE RICHES. Il est entendu que ces deux entre-sols devraient avoir aussi une hauteur de plafond convenable, et conforme aux principes d'une hygiène raisonnée, ce qui rehausserait d'autant les étages supérieurs. Cette seule amélioration donnerait à nos maisons un cachet et un caractère de grandeur qu'elles ont entièrement perdu. On les dirait toutes habitées par de tout petits bourgeois. Le jour où un architecte en bâtira une conformément à ces idées, on croira qu'il édifie un palais.

Avant de passer à un autre ordre d'idées, je demanderai aussi que la ville de Paris veuille bien élever, dans un réservoir, à un endroit donné, les eaux de la Seine à une hauteur telle, que l'on puisse avoir, par la simple pente, de l'eau à tous les étages de la capitale.

A la création des chemins de fer, messieurs leurs

prôneurs nous avaient leurré de services tels, que ces grandes administrations allaient rendre, que beaucoup avaient cru que presque toutes les alouettes allaient à l'avenir leur tomber dans le bec toutes rôties. Dans un voyage en France, je m'aperçus que les départements de l'Oise, de l'Aisne, de l'Eure, de l'Orne, de l'Aube, du Cher et de la Nièvre, et en particulier dans l'Est, des Ardennes, de la Moselle, de la Meuse, de la Meurthe, de la Haute-Marne, des Vosges, du Haut-Rhin, du Bas-Rhin, de la Côte-d'Or, de la Haute-Saône, du Doubs, de Saône-et-Loire, du Jura et de l'Ain, et de plusieurs autres, formant peut-être le quart de la France, étaient tout couverts de bois de chauffage, dont sur les lieux on ne savait que faire. Je crus que les chemins de fer profiteraient de cette bonne aubaine, pour faire la politesse au moins à la Capitale de lui amener du bois en place de charbon de terre. Pas du tout; ces messieurs ont eu l'idée d'élever leurs tarifs, de façon à ce que cela ne fût pas possible. Je n'aurais jamais cru que si peu d'esprit laissât vides de si grosses têtes, si je ne me fus pas convaincu par les statistiques que la consommation du bois à Paris diminuait de plus en plus, relativement à celle du charbon de terre. On sait que le ciel de Londres est un immense nuage, formé de la fumée de ce triste combustible. Ces messieurs avaient donc résolu de nous mener à l'Anglaise, et d'enlever ainsi à Paris son ciel bleu. Je saisis cette occasion pour les recommander à une plus grosse tête que la leur, celle de Napoléon III, qui, lui, n'a pas l'air de vouloir se payer de toutes les modes excentriques, bizarres et de mauvais goût des Anglais. Cela ne fait-il pas honte et pitié, qu'un quart de la France soit couvert de bois, et que l'on ne puisse pas en brûler à bon compte partout en France, pas même au sein de sa Capitale !

Avant de parler des plantations de toutes les rues du nouveau Paris, conformément aux idées de M. Dessirier pour les villes futures, faisons justice, en deux ou trois lignes, de ces plantations d'arbres, faites à grands frais, sur presque toutes les places, squares, et jardins publiques de la Capitale. Qui donc a recommandé au conseil municipal de la Grande Ville des plantations aussi dénuées de bon sens ? Celui-là devrait être fouetté en place publique, pour tout l'argent qu'il a fait jeter en pure perte à la Seine. Depuis 6,000 ans a-t-on vu *une fois* un arbre de 20 à 30 ans, quoique déraciné et transporté avec tout le soin possible, continuer seulement à végéter, et à plus forte raison donner plus tard un bel arbre? Vos entonnoirs, vos bandelettes de momies, et vos fils de fer montrent clairement les ficelles de vos procédés. Sur la place de la Bourse vos arbres se sèchent et meurent ; ils se préparent aussi à passer de vie à trépas en face des Arts et des Métiers, à la tour Saint-Jacques, à la fontaine des Innocents, au Carrousel, aux Champs-Élysées, sur la place de Saint-Germain l'Auxerrois, dans toutes vos places, squares et jardins, partout enfin, où vous les avez plantés, gros comme la cuisse. Tous sans exception sècheront, mourront, crèveront. Le prôneur d'aussi grotesques plantations ferait bien d'aller à l'école. Il y apprendrait que tous les chevelus radiculaires des arbres sont fournis à leurs extrémités de spongioles microscopiques. Les appareils de ces spongioles microscopiques sont des plus précieux pour la vie des arbres. C'est dans ces appareils, probablement physiques et chimiques, que réside surtout leur propriété d'absorption des aliments solides et liquides du sol. Déraciné et replanté avec le plus grand soin, l'arbre, dans sa plus tendre jeunesse, réussit à faire renaître de nouvelles spongioles, souvent bien péniblement, mais toujours au grand détriment de sa vigueur normale et de son développement futur. Mais quand l'heure de son adolescence et de sa grande croissance est sonnée, il ne peut plus que maudire les sauvages qui viennent détruire ainsi, sans retour possible, ses milliers d'appareils, détacher et rompre ses fortes attaches au sol, qui est sa vie, fait des efforts désespérés, pour se parer de son dernier feuillage, s'attriste, se fane, se penche, et meurt.

Toutes les plantations des villes, sans exception, quoique faites avec de très-jeunes plants, n'offrent jamais des arbres pareils à ceux qui, venus de graines, vous étonnent quelquefois, au sein des forêts, par leur gigantesque développement. Un végétal, un animal, un enfant, dans leur plus tendre jeunesse, ont le plus grand besoin de la tendresse de leur mère. Au premier, c'est la terre qui est sa mère, il en veut sucer le lait; au second, c'est la femelle, au troisième, c'est la femme. Quand la Ville de Paris voudra faire des plantations, qui étonneront plus tard par leur splendeur, elle devra prendre la peine de faire semer à l'avance, chacune dans un grand pot de jardinier, les graines des arbres qu'elle voudra se procurer. Trois ou quatre ans après, sur le trou de la plantation, elle fera dépoter le petit arbuste avec le plus grand soin.

possible, de manière à ne blesser aucun chevelu radiculaire. Par ce procédé, au Nouveau Paris, je garantis des plantations sans égales dans le monde.

Mais, puisque nous avons parlé de plantations, disons à cet égard toute notre pensée.

Comment se fait-il que l'on en soit encore à Paris à planter des arbres de nos forêts, notamment de l'orme ? Ne serait-il pas de beaucoup préférable, pour une ville aussi splendide que doit l'être la Capitale future de l'Europe, de choisir les arbres les plus riches par la beauté de leur feuillage, de leurs fleurs, ou l'enivrant de leur parfums ? On ne devrait planter exclusivement que des platanes, des catalpas, des maronniers, des tilleuls, des magnoliers, des acacias roses, jaunes et blancs, tous les plus beaux arbres enfin de l'Europe, de l'Asie et de l'Amérique, qui croissent à une latitude égale à celle de Paris. Faites monter autour de vos arbres toutes les plantes grimpantes, toutes les espèces odoriférantes de chèvrefeuilles, toutes les espèces parfumées de jasmins, et tant d'autres, et formez-en aussi des guirlandes d'arbre en arbre, que vous pouvez rattacher aussi aux maisons. Mon père, très-délicat sous ce rapport, me disait toujours : « Votre Paris sent mauvais. »

Faites au contraire que le nouveau embaume.

Plantez aussi des arbres à fruits, des abricotiers, des poiriers, des cerisiers, des vignes. Croyez-moi, tous ces ARBRES SEMÉS et NON REPIQUÉS, VIENDRONT presque AU DOUBLE DE LA GRANDEUR que vous leur connaissez. Greffez-les, si vous voulez avoir de l'uniformité dans le rapport de leurs fruits. LA GREFFE UNIFORMISE LES ESPÈCES, LE SEMIS LES VARIE. LA VIGNE, MÊME SOUS NOTRE LATITUDE, EST UN ARBRE, ET NON UN MINCE ET CHÉTIF ARBRISSEAU, QUE VOUS MUTILEZ A PLAISIR PAR LA TAILLE. Je n'en veux pour preuve que la vigne plantée en 1769 dans le parc du palais de Hampton Court près Londres. Son tronc a cinquante centimètres de diamètre. Elle produisit en un seul automne environ 900 kilogrammes de raisin. SEMEZ, GREFFEZ, MAIS NE TAILLEZ JAMAIS. COMME TOUS LES AUTRES ARBRES, LA VIGNE VEUT CROITRE EN BOIS DANS SA JEUNESSE, POUR PRODUIRE EN FRUITS DANS SA MATURITÉ. TANT QU'ELLE N'A PAS ATTEINT SA GRANDEUR NORMALE, ELLE VOUS RÉSISTE, ET REPOUSSE EN BOIS LE LENDEMAIN DU JOUR OU VOUS NE LA TAILLEZ PAS. VOILA CE QUI ENTRÊTIENT VOTRE ILLUSION. N'ALLEZ PAS CHERCHER AILLEURS LA CAUSE DE SA MALADIE. ELLE EST TOUT ENTIÈRE DANS L'IGNORANCE DE SA CULTURE NORMALE. Vous soutiendrez, avec des fils de fer suspendus, ses vigoureux sarments, pour les mener d'arbre en arbre, et de là aux murs des maisons. Vous pouvez donc, en entremêlant la vigne avec les arbres aux plus belles fleurs, et les plantes grimpantes les plus odoriférantes, former ainsi d'immenses berceaux au-dessus de la tête de vos promeneurs, un véritable ciel de fleurs, de parfums et de fruits.

Tracez aussi le plus possible de places et de squares : semez à profusion vos rosaces de verdure, de massifs et de fleurs, et que partout l'œil puisse se reposer sur elles.

Ainsi vous pouvez faire de la future Capitale de l'Europe une ville, sans rivale dans le monde, magnifique et toute splendide. Ce sera la réalisation du vœu de PLATON. « Le beau, avait-il dit, c'est la splendeur du vrai. » De l'air pur, de la lumière, du ciel, du soleil, de la verdure, des fleurs, des parfums, des fruits : tout cela, c'est de la civilisation; c'est la santé du corps, et, par réaction, celle de l'âme. La pureté de l'air, en purifiant le sang, purifie les sentiments, et indirectement l'intelligence; la vivacité de la lumière réjouit, éclaire et illumine l'intelligence; la vue du ciel console des imperfections de la terre; le soleil échauffe, active la circulation des fluides nerveux et sanguin, donne de la vie, fortifie la chair et les os, et aussi le jugement; la verdure repose la vue, partant le cerveau, modère la soif de l'or et du gain; les fleurs réjouissent les yeux, ornent l'esprit, et disposent aux voluptés de l'amitié et de l'amour; les parfums font évanouir les sentiments bas, et éloigner les mauvaises pensées, et l'abondance des fruits donne une idée vraie de la Munificence du Créateur.

Ainsi le panorama des villes s'harmonisera avec celui des campagnes. Nous avions peur du beau. Mais, le beau est une des quatre faces de la Divinité. Nous ne le comprenions plus. Sous ce rapport, nous marchions au crétinisme. Relevez-nous-en, Napoléon III! En France, comme à Paris, faites du grand, du grandiose, et s'il est possible, du gigantesque. Aucun de vos efforts ne sera perdu.

Veuillez permettre, avant de terminer, que je vous adresse humblement une demande.

La place de la Concorde est trop noire de bitume; la place Vendôme demande aussi, autour de la colonne, de la verdure, des fleurs, et des plantes grimpantes, qui s'efforceront en vain d'atteindre le génie; le carré du Louvre est triste, et la place du Carrousel laisse à désirer. Enlevez-lui sa grille, portez ailleurs ce petit arc et ce petit triomphe, faites-en une seule et même place. Faites onduler dans toute l'étendue de gracieuses vallées de verdure. Cette verdure fera accepter à l'œil le jaune, trop souvent répété des murs du Louvre, dont l'œil, sans le repos, que peut procurer le vert, est bien vite fatigué. Semez-y de nombreux massifs de fleurs, de femmes et d'enfants, et SA MAJESTÉ L'IMPÉRATRICE ET LA VÔTRE, du haut des salons des Tuileries, voudront bien me dire si j'avais raison.

Voilà ce que nous avions dans l'âme, au sujet des fondations du NOUVEAU PARIS.

Disons maintenant deux mots de la sculpture.

DE LA SCULPTURE.

Quand nos sculpteurs n'exposeront plus seulement entre eux, mais que leurs œuvres seront souvent en regard de celles des sculpteurs de l'Europe, on s'apercevra en peu de temps de la différence de tendance de la sculpture française avec celle de la sculpture italienne. La sculpture française recherche trop de préférence la beauté de la forme physique ; la sculpture italienne, plus poétique, cherche à saisir une idée ou un sentiment, pour la sculpter. La sculpture italienne est empreinte d'une grâce indicible. En sculpture et en peinture, plus encore qu'en musique, l'Italie est le vrai pays de l'art.

DE LA PEINTURE.

Un jour que je passais, en 1855, dans la grande salle de l'Exposition universelle, pour voir tous les prix décernés par le jury, je fus des plus surpris de voir, à titre de décoration de la salle, la Smala d'Abd-el-Kader d'Horace Vernet, en parallèle avec je ne sais qu'elle peste ou quel sujet représenté par M. Delacroix. Quant on connaît les belles écoles d'Horace Vernet, de Paul Delaroche, d'Ingres, de Léon Coignet, est-ce que les tableaux de MM. Delacroix, Diaz et autres peuvent paraître autre chose que des pochades? Ce n'est ni dessiné ni peint. La nature cependant n'est pas une pochade; comme elle, son image doit être faite et parfaite avec tout le soin et l'art possibles. Qui donc nous délivrera de tous les engouements, aveuglements, protections, passe-droit, et influences de toute sorte? — Un jury européen.

DE LA MUSIQUE.

Je me trouvais, il y a peu de temps, dans le cabinet d'un de nos meilleurs phrénologues. Après qu'il m'eut énuméré les facultés qui, selon lui, étaient la résultante de mes organes, je lui dis : N'avez-vous pas oublié quelque chose? vous ne m'avez rien dit de la musique; est-ce que je ne suis pas musicien? — Musicien? me répondit-il; mais non, vous n'êtes pas musicien. — Ce que vous me dites m'étonne, lui dis-je, car j'adore la musique. — Vous n'êtes pas musicien, reprend-il, en ce sens que vous ne pourrez jamais rien produire en musique. Vous êtes un mélomane stérile; ce n'est pas là être musicien. Vous êtes en musique ce que vous êtes en architecture et en peinture; vous avez reçu le sentiment et l'intelligence du beau dans les arts; vous êtes esthéticien; à ce titre vous pourrez justement parler de l'architecture, de la peinture et de la musique, sans être pour cela ni architecte, ni peintre, ni musicien. Conformément au dire de mon phrénologue, je parlerai donc musique, sans être musicien, mais seulement amoureux de la musique. Si j'émets quelques erreurs, je consens à l'avance à faire le meilleur accueil à toutes les lumières que l'on me donnera, étant peut-être aveuglé par cet amour-là.

Avant de parler de la musique comme élément de civilisation, voyons un peu où nous en sommes au point de vue de l'enseignement de cette langue.

L'enseignement de la musique, au point de vue élémentaire, nous semble se subdiviser en trois parties assez distinctes, présentant chacune ses difficultés propres:

1° L'écriture musicale;

2° La division du temps ou la mesure;

3° L'intonation.

1° De l'écriture musicale. On croyait depuis longtemps que tout le monde était d'accord pour reconnaître la nécessité d'une portée. Effectivement, les effets que produisent les sons sur toutes les organisations humaines, depuis 6,000 ans, les ont toujours fait ranger par tous les peuples en sons graves ou bas, aigus ou élevés. De là l'idée bien naturelle de placer le son élevé *au-dessus* du son bas ou grave. De là une échelle pour les sons, et comme il n'y a pas d'échelle sans échelons, de là la portée musicale. Tout le monde, jusqu'à ce jour, a trouvé l'idée de représenter les sons sur une échelle verticale tellement simple, fondamentale, et justement imitative, que personne ne s'est jamais élevé là-contre. Mais aujourd'hui, un petit monsieur, Chevé de nom (j'appelle petit tout homme, qui a la prétention de s'insurger seul contre ce qui paraît à l'humanité tout entière d'une évidence incontestable), M. Chevé, donc, veut enseigner à tout Paris que les sons doivent se représenter, non pas par degrés, sur une échelle *verticale*, mais seulement, et sans distinction pour l'œil du degré d'élévation des sons, sur *une horizontale*. Voilà une de ses inventions. Puisque Dieu, M. Chevé, nous permet de faire des images, il entend par là, avec la liberté qu'il nous laisse d'en faire de fausses, que nous puissions aussi en faire de justes. Vous n'avez pas le droit, ni vous, ni d'autres, ni qui que ce soit au monde, de représenter à l'œil sur une *horizontale* des sons que toutes les organisations sentent s'élever de bas en haut, du grave à l'aigu, comme sur une *verticale*. On ne peut pas non plus, Monsieur, conventionnellement, faire par un signe le signe d'une image. Un . placé en haut et en bas d'une note ne peut remplacer son élévation ou son abaissement. Le signe le plus éloquent est l'image elle-même. En fait de logique et surtout de métaphysique, prenez garde, vous voulez en faire la tête en bas et les pieds en l'air, vous n'êtes guère solide; si d'ici peu, vous ne faites pas, comme les premiers chrétiens, une confession publique de cette double erreur, veuillez permettre que, la première fois que je vous rencontrerai, je vous offre mes vœux, comme je le fais d'ordinaire près de tous ceux qui n'y voient pas suffisamment clair, pour que le Dieu de la lumière veuille bien à ce sujet dessiller vos paupières. Un seul peut bien tenir tête à qui prétend tenir tête à tout le monde; et je vous le dis en toute conscience, soyez plus modeste, car vous n'êtes à ce sujet, comme à divers autres, en aucune façon difficile à battre.

De quelque façon que l'on envisage les musiciens, il est impossible de ne pas reconnaître que ceux qui sont réellement doués du génie de la musique appartiennent à la catégorie des poëtes. A ce titre, les signes de la langue musicale doivent être de formes poétiques. C'est la logique et l'harmonie qui le veulent. La forme ellipsoïde ou ovale des signes ordinaires de la musique s'harmonise parfaitement avec le caractère poétique des musiciens. M. Chevé, qui paraît dénué de tout sentiment de l'harmonie, veut leur persuader que les formes des chiffres 1, 2, 3, 4, 5, 6, 7, connus pour leur extrême aridité et sécheresse à l'œil, sous le vain prétexte des plus grands services, rendus par ceux-ci, à la recherche de l'intonation, sont tout à fait leur affaire. Cette prétention fait à juste titre sauter en l'air tous les musiciens, y compris le Conservatoire. Nous n'avons rien à objecter à M. Chevé, si ce n'est que lorsque l'on porte, au milieu de quelques idées, de pareilles prétentions dans son bagage, on est bien certain de ne convertir personne; à plus forte raison, lorsque l'on tire sur tous constamment à boulet rouge.

Il ne prendra fantaisie à qui que ce soit, du moins je le suppose, de croire qu'il faille une écriture au service des musiciens-chanteurs, et une autre, au service des musiciens-instrumentistes. Le chant non-seulement veut être accompagné d'un instrument, mais il est dans l'ordre naturel que le chanteur cherche à s'accompagner lui-même. On n'a jamais eu l'idée que le signe de la langue de musique vocale dût être autre que celui de la langue de musique instrumentale. Pourquoi effectivement deux signes pour une seule et même langue? Or, le chiffre, le signe de M. Chevé, de son propre aveu, ne peut pas s'appliquer à la musique instrumentale. Voici comment s'exprime M. Chevé, dans sa brochure intitulée : *Coup de grâce à la routine musicale*, page 41 :

« Quant aux instruments à cordes ou à vent, qui

« donnent plusieurs sons à la fois, violon, violoncelle, « piano, orgue, harmonium, etc., le chiffre ne leur « convient pas du tout; il est absolument mauvais. »

On a répondu à M. CHEVÉ, avec raison, que si le chiffre est absolument mauvais pour les instruments isolés, il doit être cent fois encore plus absolument mauvais pour la partition, où ils sont constamment réunis et groupés.

Il semble que, à la suite d'un pareil aveu, M. CHEVÉ dût sentir toute l'insuffisance de ses chiffres; mais non, M. CHEVÉ est du calibre des gens qui, traînant leurs erreurs comme autant de boulets, ne se rebutent jamais. Malgré toute notre bonne volonté, nous ne pouvons voir en M. CHEVÉ beaucoup de science, mais bien plutôt un aplomb, qui, sans aucun doute, tenant de son aveuglement, peut en imposer à quelques-uns, mais jamais à ceux qui croient que tout doit être d'accord avec les principes.

Mais, comme nous entendons être juste avec tout le monde, nous devons dire que le Conservatoire de Musique, de son côté, composé pour la plus grande partie de gens de mérite, semble avoir à tâche de ne vouloir s'occuper en aucune façon de faire faire un pas à la Musique. Il semble que celui-ci soit atteint d'une immobilité désespérante, maladie des gens parvenus, et certains de jouir de leurs avantages jusqu'au bout. J'aimerais beaucoup mieux qu'il dise en deux mots sa façon de penser à ce sujet, dût-il la graver ainsi sur son fronton :

ICI L'ON EST CONTENT DE CE QUE L'ON A ; CONSERVER EST NOTRE DEVOIR ; MAIS PROGRESSER, N'EST PAS NOTRE AFFAIRE.

Je viens de parcourir une Méthode de musique, signée HALÉVY. M. HALÉVY a été chargé par la Commission de chant de la ville de Paris de rassembler dans une Méthode de musique tout ce que peut présenter d'heureux l'Ecole de Musique moderne. Nous n'avons rien à dire à M. HALÉVY, si ce n'est, que si nous avions l'honneur d'être, comme lui, Professeur au Conservatoire et Membre de l'Institut, après une pareille production, nous aurions la conscience de nous voiler la face. En l'absence de toute idée de la part de M. HALÉVY, chacun peut donner les siennes. Voici les nôtres :

Pourquoi d'abord avoir plusieurs clefs en musique ? Quand je jouais dans ma jeunesse un peu de piano, j'ai toujours été frappé de cette prétention cocasse des professeurs de vouloir faire lire la main droite en clef de Sol, et simultanément la main gauche en clef de Fa. Faire faire simultanément à l'esprit deux opérations contradictoires, c'est là une complication que rien ne vient justifier, et qui paraît faite à plaisir. Pourquoi aussi la clef d'Ut? Un octave medium étant pris comme point de départ, soit l'octave, dont le La est donné par le diapason, mettez un . , en tête et en bas de la portée, vous aurez l'octave au-dessous. .. ou ... , placés de même, signifieront le deuxième ou le troisième octave au-dessous. . ou .. ou ..., en tête et en haut de la portée, signifieront le premier, le deuxième ou le troisième octave au-dessus. Les différentes voix ou instruments ne font que parcourir le clavier du piano. Ce n'est jamais qu'une différence en plus ou en moins d'élévation dans les sons. La place des notes ne peut pas varier à tout instant, sous prétexte de clef. IL FAUT DES PRINCIPES ET DE L'UNITÉ EN TOUT. LA PLACE DE LA NOTE SUR LA PORTÉE DOIT ÊTRE INVARIABLE. Sous ce rapport, l'Ecole moderne est bien peu heureuse.

Les clefs, dit-on, servent à la transposition. Si les clefs servent à la transposition, pourquoi alors n'avez-vous pas autant de clefs que de tons, dans lesquels en réalité vous transposez? L'idée de suivre en haut et en bas toutes les volontés de l'instrumentiste ou du chanteur compliquerait à plaisir la musique. Quand l'octave change, on doit l'indiquer en tête de la portée, comme je l'ai dit. Dans le parcours d'un octave, c'est par la grande habitude de la musique, que le musicien transposera. La transposition est un accident en musique, et ne peut être pour lui qu'une opération dont l'habitude seule lui donnera la clef.

2° De la division du temps ou de la mesure. En toute chose, l'idée d'ordre est fondamentale. Avec lui, on peut tout créer; sans lui, on ne peut rien faire. Plus les difficultés s'accumulent, plus l'ordre devient de nécessité urgente. Nous ne contestons en aucune façon le talent de la plupart des Professeurs du Conservatoire, mais ces Messieurs feraient bien de se souvenir qu'ils n'ont pas seuls la parole en ce monde, et qu'ils ont derrière eux des logiciens, auxquels aussi la parole a été donnée. Quand on divise une mesure en deux, trois ou quatre temps, les hommes de logique demandent à ce que ces temps se groupent à l'œil, pour éviter tout travail à l'esprit. Mais, quand l'École moderne divise encore çà et là une mesure à deux temps en trois groupes, une mesure à trois temps en deux groupes, ou une à quatre temps en deux ou trois groupes, on a bien le droit de demander à l'Ecole moderne d'être un peu plus conséquente avec elle-même, et d'apporter dans la division de la mesure un peu plus d'ordre et de précision à l'œil. La façon de dire d'une phrase ne s'en trouvera pas pour cela changée. La division du temps est une chose, et la façon de dire une autre. Pour indiquer toutes les diverses manières de dire, vous pouvez adopter tous les signes de convention possibles ; mais ces signes ne devront jamais altérer en rien la division de la mesure, telle que vous l'aurez marquée en tête de la portée. L'ordre dans la division visible de la mesure, en groupes séparés, vous entraînera aussi à en mettre dans la subdivision de ces groupes, subdivision qui devra toujours être aussi nette et aussi précise à l'œil que le temps lui-même. IL N'Y A PAS DEUX MANIÈRES D'AVOIR DE L'ORDRE, IL N'Y EN A QU'UNE. Ce n'est pas ma faute, mais bien la leur, si je suis obligé de recommander à Messieurs les Professeurs du Conservatoire des principes aussi élémentaires d'ordre et de logique, principes qui ont passé depuis longtemps dans le domaine de tous.

3° DE L'INTONATION. La musique vocale devant reprendre tôt ou tard sur la musique instrumentale sa juste prééminence, les procédés d'intonation dans l'étude de la musique ont une importance capitale. L'Ecole moderne ne me paraît pas à cet égard plus heureuse qu'à tous autres ; selon son habitude, elle n'a émis aucune idée nouvelle ; et tout ce que l'on a présenté de divers côtés, en fait de procédés d'intonation, ne me paraît pas non plus à l'abri de toute objection.

Tout le monde sait qu'en musique, il n'y a pas de son absolu. Notre organisation, qui apprécie les sons, n'est pas elle-même absolue. A ce titre, on n'a donc rien à chercher à graver dans la mémoire. Mais il y a ceci d'absolu, c'est que le ton d'un air étant déterminé, toutes les notes de cet air se présentent, comme affectant l'organisation d'une façon *relative* au ton de cet air. Ce sont donc des RELATIONS, des RAPPORTS, et non des sons, qu'il s'agit de graver dans la mémoire ; et cela est d'autant plus facile, que ces RELATIONS ou ces RAPPORTS sont RIGOUREUSEMENT ABSOLUS DANS TOUS LES TONS. Il ne s'agit donc que de connaître le ton qui sert de point de départ à ces RELATIONS ou RAPPORTS, pour pouvoir les apprécier. Les tons ne sont que les échelons de l'échelle musicale. Si le ton s'élève ou s'abaisse d'un degré, les rapports se trouvent élevés ou abaissés de ce degré, MAIS ILS N'ONT PAS CHANGÉ EN EUX-MÊMES. CES RAPPORTS

SONT donc ABSOLUS, et doivent finir, par cela même qu'ils sont ABSOLUS, par être saisis avec sûreté, précision et facilité par notre organisation.

Si l'on prend le ton de Do pour exemple, tout le monde est d'accord pour reconnaître que

do	sera la	tonique
ré	id.	sus-tonique
mi	id.	médiante
fa	id.	sus-médiante
sol	id.	dominante
la	id.	sus-dominante
si	id.	sensible

La musique vocale étant particulièrement celle dans laquelle on est le plus à la recherche abstraite du son, tout ce que nous allons dire ici ne doit s'appliquer qu'à la musique vocale. Sans changer en rien la position des notes sur la portée, pourquoi ne pas donner à celles-ci SEPT FORMES GRACIEUSES, dont chacune indiquerait au chanteur le rôle que la note vient jouer dans le ton dans lequel il chante ? Chaque note pouvant jouer sept rôles, la forme pourrait changer sept fois dans le ton et les modulations de ce ton, sans pour cela que la note changeât le moins du monde de position. L'instrumentiste connaîtrait toujours la note par sa position invariable sur la portée, mais le chanteur serait singulièrement aidé par sa forme, variée selon ses rôles, pour arriver à en donner le son. Cette idée, mal présentée il y a vingt-cinq ans par M. Jue, est aujourd'hui celle de M. Hippolyte Dessirier, professeur de solfége à Paris. Nous la croyons, pour la musique vocale, l'idée la plus heureuse de ce temps-ci, et un des moyens indispensables et des plus rapides, pour solfier et chanter à première vue en très-peu de temps.

Voyons maintenant, en dehors de cette réforme à apporter dans l'écriture musicale, par quels procédés le chanteur, guidé déjà par la forme de la note, arrivera à l'intonation. La ligne droite, dit-on, en géométrie, est le plus court chemin d'un point à un autre. En fait de procédés d'intonation, comme en géométrie, le plus court chemin sera de briser l'organisation de l'élève, en le faisant passer, *sans tâtonnements, ni pont de secours aucun*, d'abord de la tonique à la dominante, de la tonique à la médiante, de la tonique à la sensible, de la tonique à la sus-tonique, de la tonique à la sus-médiante, de la tonique à la sus-dominante, et de la tonique à la tonique supérieure. Puis, quand l'élève sera parfaitement brisé aux divers rapports avec le ton de Do, pris ici pour point de départ, en surélevant petit à petit le ton, il trouvera insensiblement, en le faisant toujours procéder, comme nous l'avons fait dans le ton de Do, les rapports demandés avec ces nouveaux tons, L'ABSOLU DE CES RAPPORTS étant précisément la raison qui déterminera chez lui la facilité à les trouver.

L'élève une fois familiarisé avec ces exercices, on fera choix d'une mélodie simple et bien faite, pour le faire passer d'une note ou d'un rapport à un autre, le ton général de l'air étant toujours sous-entendu vibrer dans toute organisation musicale, et rester ainsi la base déterminant ces rapports. C'est en sautant que l'on apprend à sauter. Le ton général d'un air vibrant sans cesse dans l'organisation musicale de l'élève, les sauts d'une note à une autre ne sont que des rapports, qu'il déterminera sur ce ton général ou cette base vibrant en lui. Quand l'élève ne pourra pas trouver ce rapport, le maître lui rappellera la tonique, dont l'effet nouveau l'aidera à trouver la note ou le rapport demandé.

On l'initiera ainsi aux effets tristes du mineur, par les mêmes procédés dont on se sera servi pour le majeur.

Ce ne sont pas là les procédés de M. Hippolyte Dessirier, ce sont les nôtres, calqués, nous le croyons, sur les effets naturels des intonations. Nous les soumettons à de plus habiles que nous, pour les apprécier. M. Dessirier veut que l'élève, à la recherche d'une note ou rapport, fasse simultanément de la main un signe imitatif du rôle de la note, qu'il cherche. Tout étant harmonie dans l'organisation, le geste doit aider à trouver le son. M. Dessirier doit avoir raison.

La recherche de l'intonation par la mesure des intervalles des notes de la gamme (procédé du Conservatoire), et tous les petits airs ou formules, que l'on veut graver à ce sujet dans la mémoire, me paraissent autant de tâtonnements retardatifs, atténuant dans l'organisation la spécialité de l'effet produit sur elle, par la recherche directe de ces rapports avec le ton général.

Nous sommes liés depuis longtemps par une vive amitié à M. Hippolyte Dessirier, avec lequel cependant nous ne sommes point sur tous les points, ainsi qu'on le voit, pleinement d'accord. Mais, comme il est difficile de croire que de longues conversations, à divers intervalles, n'aient pas élucidé mes idées par ses efforts et à mon insu, si l'on veut prêter quelque valeur à ce petit travail succinct, il est juste d'en reporter la meilleure part à mon vieil ami.

Disons maintenant deux mots du rôle que devrait jouer la musique au dix-neuvième siècle, à titre d'un des premiers éléments de civilisation.

« Toutes les fois, dit l'Ancien Testament, que l'esprit « malin se saisissait de Saül, David prenait sa harpe et « en jouait, et Saül en était soulagé et se trouvait « mieux; car l'esprit malin se retirait de lui au son de « la harpe de David. »

A cette époque, il y a beaucoup d'esprits malins; on les compte par centaines de mille; il y a des vendeurs à faux poids et à fausses mesures, des falsificateurs de toutes denrées, denrées alimentaires, épiceries, drogueries, etc., conséquemment des voleurs, des empoisonneurs à sang froid, et aussi des agioteurs, des râfleurs, des monopoliseurs à sang chaud. Qu'attend-on pour essayer sur eux tous les effets de nouvelles harpes, et de nouveaux David? Au moyen âge aussi, il y avait des hommes durs, brutaux, insensibles. Les appels si solennels des cloches, les chants si majestueux de l'orgue, et les concerts des voix si naturels et si pleins de charmes en ont adouci, humanisé, civilisé plus d'un. Aujourd'hui il y a ceci de remarquable, c'est que l'on n'essaie de rien du tout. Demandez au Conservatoire.

Aujourd'hui les hommes n'aiment bientôt plus les femmes, mais en leur lieu et place la fille, la pipe, le jeu, le café, l'absinthe et l'eau-de-vie. La belle génération !

Pourquoi la ville de Paris, aidée par le Gouvernement, n'ouvrirait-elle pas 5 grandes salles de concerts, deux sur la rive gauche, et trois sur la rive droite de la Seine. Chaque salle pourrait contenir 5,000 auditeurs, soit 25,000 pour les cinq salles, et occuper 200 instrumentistes, et 200 chanteurs et cantatrices, au total 2,000 musiciens d'élite, convenablement rétribués, indépendamment d'une part d'intérêt dans les recettes. Les engagements ne pourraient se faire que pour un an. Chacun aurait donc toute raison, pour faire de son mieux. Il y aurait deux exécutions par jour, la première de 3 à 5 heures, la seconde de 7 à 9 heures du soir. Tout ce que l'antiquité, le moyen âge et les temps modernes ont produit de plus admirable, chez toutes les nations, les seuls chefs-d'œuvre hors ligne, y seraient exécutés, avec rétribution des droits d'auteurs, conservés aux auteurs vivants, français ou étrangers. Les premières seraient à 50 centimes, les secondes à 30 centimes, et les troisièmes à 15 centimes. Croyez-vous que ces concerts n'auraient pas une immense influence civilisatice sur les mœurs des masses et de tout le monde? Si la ville ou le Gouvernement met à exécution mes idées, les concerts ouverts, au bout d'un an, la moitié des cabarets et des cafés de Paris sera fermée; vous y pouvez compter.

J'aurais beaucoup à dire sur l'organisation de la musique et son influence en province. Je le ferai en temps et heure dans un ouvrage de *Philosophie administrative.*

La musique, considérée dans ses ressources, comme élément de civilisation, est une puissance, dont aucun gouvernement dans les temps modernes n'a su se servir. A cet égard-là, tous les gouvernements ont été manchots. Sous prétexte de liberté, nous ne savons bientôt plus attirer à nous, charmer, entraîner, gouverner. Avec la musique, nous ne savons plus nous adresser à l'esprit ou au cœur, en développer, grandir ou exalter les pensées, en éveiller, exciter et diriger les élans. Avec la musique, en un mot, aujourd'hui, nous semblons embarrassés de faire du grand.

Si les professorats du Conservatoire étaient temporaires, et non à vie, croyez bien que ces messieurs chercheraient à vulgariser leur art, prendraient de l'initiative dans l'enseignement, et présenteraient des réformes, des plans au Gouvernement, etc., etc. Les générations nouvelles sauraient bientôt aussi facilement lire dans une partition, qu'aucun de nous dans un livre. En attendant qu'il en soit ainsi, pendant leur sommeil, j'ai cherché à présenter quelques idées nouvelles, à montrer que le gouvernement avait là un moyen puissant de civilisation, dont il n'usait pas, et à prendre l'intérêt de tant d'artistes, qui seraient devenus des hommes d'élite et de réel talent, et qui, loin de là, las, exténués, découragés, démoralisés, meurent de misère dans les bastringues au service de Rigolboche.

Tel est ce que nous avions à dire sur les beaux-arts, architecture, sculpture, peinture et musique.

Pour arriver à un accord indispensable dans toutes les questions scientifiques et économiques, on sait que Napoléon rêvait un Institut européen. Malgré une aussi grande autorité que celle de Napoléon Ier, un Institut européen ne me paraît pas devoir présenter plus de garantie, pour le développement de la civilisation, que celle que donne l'Institut de France. Un Institut ne saurait être une maison de retraite pour les savants ou d'invalides de savants, avec pouvoir de tout penser, et privilége pour ne rien dire, sans compter celui pour ne rien faire. Si les savants ont une valeur intellectuelle, et elle n'est pas douteuse, ils doivent former, dans la maturité de l'âge, un des trois grands corps de l'État, avec voix consultative et délibérative. Il en est de même des artistes, qui appartiennent à une classe d'hommes supérieure à celle des savants. En Europe, pour rappeler les Sciences à l'Unité d'enseignement, en développer les progrès, encourager sérieusement tous efforts, et fonder pour elles, comme pour les Arts, des prix largement rémunérateurs, on ne pourra atteindre ce but que par la formation quinquennale d'un

CONGRÈS EUROPÉEN SCIENTIFIQUE ET ARTISTIQUE

dans lequel s'élaboreront toutes les grandes

questions, dignes par leur importance d'attirer l'attention de l'Europe.

VII

Est-ce quelque chose que la santé, la force physique? Voyons encore là où nous en sommes. Aujourd'hui on se porte mal. A la vérité, les statistiques nous prouvent, qu'en moyenne, nous vivons deux ou trois années de plus, mais, en revanche, on ne vit guère, peut-être, qu'un peu plus des trois quarts du temps passé. On élève, je le sais, plus de contrefaits, plus de bossus, de sourds-muets, peut-être beaucoup plus d'aveugles; on s'applique moins de cataplasmes froids, on met moins de cautères sur des jambes de bois, on inocule d'avance des maladies (étrange procédé); en somme, on se soigne sensiblement mieux, c'est possible, c'est vrai, et je suis heureux de le croire pour l'honneur de la Médecine et de la Civilisation; mais ce n'est pas là précisément la question, et je la précise ici, en l'adressant aux médecins, auxquels elle revient de droit : Voit-on plus de centenaires ?

La taille pour la conscription ne va pas, dit-on, en augmentant. Nous marchons peut-être à la chinoise, à la crétinisation de notre espèce animale, comme ceux-ci font marcher les végétaux à la crétinisation des espèces végétales. Personne ne vous montre un beau vieillard de 120 à 130 ans.

Deux extrêmes expriment dans la vie, le premier, les SOINS, le second, la FORCE. Au premier vous ajoutez d'abord, dans la jeunesse, une entente plus intelligente des causes qui rendent cette période de la vie périlleuse et souvent mortelle, puis une attention plus grande à toutes celles qui peuvent causer la mortalité à tout âge, et vous n'ajoutez rien à l'autre extrême. Additionnez les deux extrêmes, et prenez la moitié, vous aurez la moyenne augmentée; mais, qu'est-ce que cela prouve? Rien autre chose, si ce n'est une amélioration sensible dans les soins que chacun donne à tout âge à sa santé; mais CETTE MOYENNE NE PROUVE RIEN POUR L'INTENSITÉ DE LA FORCE VITALE.

Je me méfie beaucoup de l'abus des moyennes. Elles ne prouvent pas tout ce que d'ordinaire on y cherche. Un grand nombre de causes les font varier, sans que celles-ci vous aident le moins du monde à vous mettre sur la voie de chacune d'elles. Tout s'y confond souvent, non pas pour éclaircir, mais pour embrouiller l'esprit. On ne préfère de beaucoup les moyennes que dans un temps où la force manque, pour pouvoir apprécier chacune des causes multiples, et surtout des causes les plus importantes, qui y concourent. C'est l'arme par excellence des natures moyennes, ce doit être également l'arme des siècles moyens.

Depuis quand le degré de la force vitale ne se mesure-t-il pas presque exclusivement par la longueur de la vie même? Il est évident qu'il faut tenir compte des phases sociétaires, qui peuvent la prolonger, comme aussi de celles, qui peuvent la précipiter. Tenons compte de tout. C'est beaucoup de vivre, sans doute, mais c'est bien aussi quelque chose de vivre longtemps.

Tout à coup s'élève dans un coin une nouvelle médecine. Celle-ci ne guérit pas du froid par le chaud, ni du chaud par le froid. Elle guérit le chaud par le chaud, et le froid par le froid. Elle a observé les secousses, les perturbations dans la nature vivante, et elle donne ces PERTURBATIONS pour ses LOIS CONSTANTES. La nature avait fait peut-être de 15 à 20,000 plantes médicinales, avec les vertus les plus spéciales, les plus variées, et les plus graduées qu'elle entendait donner à chacune d'elles. Mais celle-ci ne veut plus s'en servir ; c'est là, pour elle, de la vieille médecine. Comme si la vérité pouvait vieillir ! Cependant il y a peut-être dans ces plantes, comme dans la nature, UN RAPPORT DE LA QUALITÉ A LA QUANTITÉ, que personne ne doit changer, si ce n'est peut-être dans les cas extrêmes. Mais, à quoi bon parler de cela? Depuis longtemps, on n'a presque plus de mesure en rien. Celle-ci en a profité pour TOUT QUINTESSENCIER.

Avec du raisin il y a longtemps que l'on fait du vin ; mais avec du vin, doit-on faire si souvent de l'eau-de-vie, avec de l'eau-de-vie de l'alcool, avec de l'alcool de l'éther? Les sauvages se guérissent de la fièvre avec le quinquina; nous, nous ne le faisons plus qu'avec du quinine.

La vieille médecine, dépassée par la nouvelle, a bientôt aussi, comme celle-ci, abandonné tout à fait la médecine des plantes pour la médecine des drogues. Les VÉGÉTAUX, cependant, SONT PLUS

PRÈS DE L'HOMME : ce n'est peut-être pas pour rien; ils veulent le servir, le guérir, et par là lui DONNER CHACUN SA PREUVE D'AMOUR. Mais l'homme ne veut plus. Qu'est-il besoin de votre amour? dirait M. PROUDHON. Le médecin allopathe ne rêve plus maintenant que minéraux; il compose ses remèdes à son gré, à sa fantaisie, et selon son caprice. Cela lui paraît infiniment plus sage. La nature est dépassée.

On a étudié au moyen âge, pendant dix siècles et plus, les propriétés des plantes médicinales. On sait que c'était dans les couvents que ces observations étaient faites, et les conclusions que l'on en tirait étaient, sans doute, un peu moins risquées que celles d'aujourd'hui. Il n'y avait alors aucune raison d'en agir autrement, pendant que la difficulté de vivre, la concurrence précipitent au contraire, à notre époque, toutes les nôtres. Qu'est-ce donc qu'une science dont toute la valeur est dans l'expérience, et qui, d'un trait, biffe presque complétement toute celle de nos devanciers? On doit s'en méfier à juste titre, car rien n'est plus naturel que de croire que les travaux d'un siècle doivent se lier, comme les anneaux d'une chaîne, à ceux des siècles qui les ont précédés. Il y a plus : les animaux se rapprochent évidemment plus de l'homme que les végétaux, et peut-être est-il également naturel de croire que L'IMPORTANCE DES SERVICES, au point de vue médical, comme à tous les autres, EST EN RAISON DIRECTE DU DEGRÉ D'ÉLÉVATION DES ÊTRES DANS LA CRÉATION. C'est ce sentiment qui fait, sans doute, que beaucoup de remèdes, dits de bonne femme, sont empruntés au règne animal. Or, le sentiment des gens à teint frais, rosé ou coloré, qui vivent au plein de l'air, de la lumière et du soleil, et qui respirent à pleine poitrine l'odeur des verdures et des fleurs des champs, sous la voûte azurée des cieux, pourrait bien être moins sujet à erreur, et plus sûr, que le sentiment de ceux qui jaunissent et qui verdissent sous les voûtes de l'Institut. Tous les médecins de ce siècle, loin de se rapprocher de ces idées philosophiques, ont donc descendu au contraire, par préférence, des végétaux aux minéraux. Les végétaux ne sont bientôt plus rien, les minéraux, au contraire, presque tout. Dans ce siècle de lumières, c'est à n'y rien comprendre, à moins, toutefois, que ces Messieurs n'aient aucune notion de philosophie, c'est-à-dire du sens élevé des choses de la création, ce qui serait encore possible. Les voilà qui font de la chimie à tour de bras, et à tout propos. Fer, étain, antimoine, manganèse, potassium, phosphore, alun, soufre, carbone, barium, sodium, cyanogène, iode, calcium, bismuth, cuivre, or et argent, plomb, mercure et arsenic : tout leur est bon. Ils interrogent tous les acides, tous les oxydes, bioxydes et peroxydes, essaient de tous les sels, font tous mélanges et toutes combinaisons. C'est bien tout cela, et je suis loin de prétendre qu'on ne doive demander aucun remède aux minéraux, mais je me permets de rappeler aux médecins de notre époque que LES VÉGÉTAUX SONT AU-DESSUS DES MINÉRAUX, et que LES ANIMAUX SONT AU-DESSUS DES VÉGÉTAUX ; et que, si les trois règnes veulent nous donner à l'envi, en participant à nos guérisons, chacun dans la mesure de ses forces, des PREUVES DE LEUR AMOUR pour nous, les végétaux doivent fournir un plus grand nombre de ressources que les minéraux, parce qu'ils sont plus animés et plus élevés en vie que ceux-ci, et les animaux davantage que les végétaux, par la même raison. Telle me paraît être la loi qui condamne absolument la pente inverse de ces Messieurs à rechercher de préférence la vie, là où la nature a voulu qu'elle fût le moins développée. Est-ce là ce qu'ils appellent un progrès?

Mais il y a mieux encore :

Pour renchérir sur la vieille médecine, sortir de l'ornière et faire du neuf, la nouvelle ne se sert que de poisons, que dis-je! de poisons quintessenciés. Si encore elle avait suivi une proportion en rapport avec celui de la gravité de la maladie. Si elle avait dit : QUAND LA MALADIE REPOUSSE LA QUANTITÉ, EMPLOYEZ LA QUALITÉ, on l'eût écoutée, et cela eût paru peut-être logique et naturel. Mais, qu'il s'agisse d'une maladie grave ou simplement d'une indisposition, peu lui importe : dans tous les cas, elle fait toujours abstraction de la quantité ; alors, ceux qui raisonnent n'y comprennent plus rien du tout. Suis-je encore obligé de considérer cela comme un progrès?

On avait dit jusqu'ici :

LE TEMPS EST UNE FORCE.

Bonnes gens, c'est là une vieillerie! Allez trouver cette médecine : elle vous guérira à la minute. Grands hommes! combien vous avez eu raison de donner à cette médecine le titre de Médecine des infiniment petits? Au moins, cette fois, vous avez raison : les hommes et les choses se nomment par leur nom; c'est là un progrès.

Avez-vous la fièvre ? Prenez du quinine, vous dira un allopathe : vous êtes certain de la couper. — Oui, si c'est une fièvre de débilitation ; non, si c'est une fièvre d'excitation. LES CAUSES DIFFÈRENT.

Avez-vous la diarrhée? Prenez des toniques, dira encore un allopathe : vous l'arrêterez. — Oui, si le corps est relâché; non, si le corps est resserré; vous pouvez, au contraire, l'augmenter, car c'est l'excès du resserrement qui peut la causer. Je vous dis que LES CAUSES DIFFÉRANT, LES REMÈDES DOIVENT DIFFÉRER.

Notre diagnostique, dira l'homœopathe, c'est le symptôme. Comment! deux fièvres, deux diarrhées, données par deux CAUSES OPPOSÉES, présentent les mêmes symptômes : vous ferez emploi du même remède pour combattre le résultat de deux causes opposées ? ON NE PEUT POURTANT GUÉRIR QUE PAR L'OPPOSÉ DE QUALITÉ, L'ANTIDOTE, QUI VIENT CONTREBALANCER, EN SENS INVERSE, LA CAUSE DE LA MALADIE. Les symptômes trompent, mais la cause jamais. On avait seulement dit, jusqu'ici, que LES EXTRÊMES SE TOUCHANT, ILS POUVAIENT PRÉSENTER DES EFFETS PAREILS; mais il restait à notre temps à découvrir qu'ils étaient guérissables par les mêmes remèdes.

L'homœopathie croit devoir s'appuyer, dit-elle, sur des faits irréfutables. Nous répondrons avec mademoiselle Michelet, l'auteur des *Bluettes anti-mondaines d'une danseuse*. Nous citons ici à regret mademoiselle Michelet, parce qu'elle s'est trop souvent inspirée des idées de M. MORIN (qu'elle a copié aussi textuellement), pour se dispenser d'en citer le nom. Je veux parler de l'auteur de : *Comment l'esprit vient aux tables, — Les Révolutions du temps, — Révélations, — Ténèbres*, un des hommes les plus intelligents de l'époque.

« Nous ne discernons, dit Mlle Michelet, dans la « nature physique, que des faits, et lorsque ces faits se « reproduisent toujours de même, nous les appelons « des lois!

« Les lois alors seraient soumises aux faits, et non « les faits aux lois. Nous ne saurions voir là qu'un « renversement complet de la vérité.

« Est-ce que toutes les aberrations ne pro-

« duisent pas des faits ? Est-ce qu'il n'y a pas tou-
« jours des faits à la disposition de toutes les utopies ?
« Dans ces seuls mots, on a fait ainsi, sans le
« vouloir, la justification de toutes les erreurs.
« C'est là la marche enseignée au genre humain
« tout entier : il l'a suivie; on aurait certes mau-
« vaise grâce à lui en vouloir. Ne paye-t-il pas
« de mille douleurs tous les errements dans les-
« quels il se développe?.....

« Allopathie, homœopathie, hydropathie, ma-
« gnétisme, électro-biologie, etc., etc., n'ont-ils
« pas chacun leurs faits ? Si tous ces faits doi-
« vent servir à constituer les lois, plaignons le
« genre humain, mais ne le maudissons pas ! »

C'est exact. DANS TOUS LES TEMPS, TOUTES LES ABERRATIONS SE SONT DONNÉES POUR ÊTRE IRRÉFUTABLEMENT PROUVÉES PAR DES FAITS. IL N'Y A DE FAITS VRAIS QUE CEUX QUE LA JUSTESSE DE L'ESPRIT DÉCOUVRE. ON VOIT VRAI OU FAUX. LA PREUVE EST PLUTÔT DANS L'ESPRIT QUE DANS LE FAIT.

Ou, ce qui revient au même :

DEPUIS LE COMMENCEMENT DU MONDE, LES FAITS SONT TOUJOURS LES MÊMES, PENDANT QUE LA FAÇON DE LES APPRÉCIER VARIE SANS CESSE DE SIÈCLE EN

SIÈCLE. CE NE SONT DONC POINT PARTICULIÈREMENT LES FAITS, QUI PEUVENT ATTESTER UNE VÉRITÉ, MAIS BIEN PLUTÔT LA SAINE LUMIÈRE DE L'ESPRIT.

Pour être juste et impartial avec la médecine homœopathique, résumons donc les services qu'elle a rendus. Elle nous a enrichis de six axiomes irréfutables :

1° Le chaud ne se guérit pas par le froid, et le froid par le chaud, mais bien le chaud par le chaud, et le froid par le froid; ce sont les semblables, qui sont doués de la faculté de guérir, et non les contraires ou antidotes. Un extrême n'a jamais guéri d'un autre extrême.

2° Il n'y a pas de rapport nécessaire de la quantité à la qualité. La quantité n'est rien; la qualité est tout. Tout remède doit être quintessencié dans son effet, et administré dans une quantité infiniment petite.

3° Il n'y a rien à voir dans les végétaux ni dans les animaux. Quoique le minéral soit au bas de la hiérarchie des choses ou des êtres créés, le sommet de la science est là.

4° Le temps n'est pas une force. Le médicament, qui a une action, doit agir à la minute.

5° Les causes n'importent pas. Le seul vrai

diagnostique de la maladie, c'est le symptôme.

6° Nos faits sont là, irréfutables comme notre doctrine.

Quand, dans un siècle, il se produit tout à coup de pareilles clartés, ce siècle est bien évidemment un SIÈCLE DE LUMIÈRES.

Il y a beaucoup à dire et à faire en médecine.

La médecine n'a pas encore de base ou d'appui véritable. Consultez tel médecin que vous voudrez sur les principes fondamentaux de la vie dans les corps organisés, ce qu'Hippocrate appelait *ενορμον*, IMPETUM FACIENS, la cause du mouvement, vous le trouverez d'une déplorable faiblesse. M. FLOURENS, qui représente en quelque sorte l'opinion du corps médical à notre époque, nous a donné, sur le cerveau, un ouvrage remarquable, à plusieurs titres, par sa netteté, sa précision et sa clarté, et aussi par ses expériences sur la formation des os; mais, à l'égard du cœur, M. FLOURENS s'exprime ainsi :

« Bichat avait coupé le *moral* de l'homme en « deux parties : la partie *intellectuelle*, qu'il place dans « le cerveau, et la partie *morale*, le *moral proprement dit*, qu'il place dans le cœur, dans l'estomac, « dans le foie, etc.

« Le premier service que Gall ait rendu à la « physiologie a été de ramener le *Moral* à l'*in-* « *tellectuel*, de faire voir que les facultés *mo-* « *rales* et les facultés *intellectuelles* sont des facultés « de premier ordre, et de les placer *toutes*, autant « les unes que les autres, *uniquement et exclusi-* « *vement dans le cerveau.*

« Car, en effet, si l'on excepte le cerveau, à quel « organe s'adressera-t-on? Sera-ce aux os, aux liga- « ments, aux membranes, aux muscles, etc.? Sera-ce « au cœur? Mais *le cœur n'est qu'un muscle, abso-* « *lument et purement un muscle.* Au diaphragme? « Mais le diaphragme n'est encore qu'un muscle, un « muscle tendineux, et pas autre chose, etc. »

Voilà pourtant où en est aujourd'hui la médecine! Quelle pitié! La réfutation d'une doctrine aussi bâtarde n'honorera personne, tant elle est dénuée de bon sens. Nous la donnerons en temps et lieu.

Si l'on ne sait presque rien sur le principe de vie, qui préside aux fonctions de l'économie vivante, comment peut-on être sur les voies des causes des maladies, les convenablement soigner et guérir, elles, qui sont un trouble dans ce principe, une exaltation ou diminution de ce principe? Si le principe de vie est troublé intérieurement, comment ce trouble ne se manifesterait-il pas, soit intérieurement, soit extérieurement? Mais, comme il y a dans le corps humain, à l'intérieur et à l'extérieur, autant de places que vous pourrez leur donner de noms, il en résulte que beaucoup de maladies, à moins de dispositions organiques locales, affectent des places données, et sont dites locales, pendant qu'elles sont en réalité le résultat d'un trouble général, autrement dit du trouble du principe, sur lequel on ne sait rien. Je prendrai ici un seul exemple : la médecine ne guérit pas la paralysie. Comment la guérirait-elle, ignorant complétement les causes de la paralysie? Elle vous fera faire des frictions sur le membre malade avec toutes sortes de stimulants; elle fera emploi de vésicatoires, de moxas, de sétons, de douches, de l'électricité, etc., et voilà à peu près toute sa science. La paralysie est due à un trouble général, à une diminution du principe vital, et ne peut être guérie que par la connaissance de ce principe, et des moyens qui le conservent en pleine activité. La paralysie, à moins d'être arrivée à un degré d'intensité, auquel toutes les maladies peuvent difficilement se guérir, est guérissable, et souvent en bien moins de temps qu'on ne le pense.

J'en dirai autant des maladies du cœur en général, qui sont également le désespoir des médecins, des névralgies, souvent aussi des maladies d'estomac, d'intestins, etc.

Si vous voulez aussi savoir quelque chose des grandes lois conservatrices de la santé, vous trouverez encore l'école actuelle à peu près aussi édifiante ; tous nos traités d'hygiène, au moins à cet égard, sont aussi faibles que ceux qui traitent du principe de vie.

Il semble, de prime abord, que la cause d'une maladie doive être presque toujours recherchée dans la connaissance préalable de l'hygiène du malade ; car c'est le mode des habitudes de la vie, de son USAGE GÉNÉRAL, qui déterminera le plus souvent le TROUBLE GÉNÉRAL, qui sera la CAUSE RÉELLE DE LA MALADIE LOCALE. Mais cette façon de raisonner est rare, et la médecine, loin de chercher le remède radical dans le changement de l'hygiène, dont l'efficacité est aidée momentanément par le traitement de la maladie, ne le demande, le plus souvent, qu'aux médicaments et aux drogues. La médecine s'est faite médicamenteuse à l'excès, droguiste passionnée. Aujourd'hui elle traite par les mêmes procédés les maladies aiguës et les maladies lentes. Or, les premières appartiennent essentiellement à la médecine, et les secondes à l'hygiène proprement dite.

Depuis que l'on étudie sur des cadavres, la médecine aussi est devenue charpenteuse. Un jeune homme coupe, rogne et taille sur les morts pendant trois ou quatre ans, après quoi il est reçu médecin. On comprend facilement qu'il profitera de la première occasion, pour couper, rogner et tailler quelque chose sur les vivants. On lui objecte que telle herbe, dont on vous a parlé, vous fera arriver à guérison sans opération; mais il ne peut plus vous écouter : l'habitude est devenue pour lui une deuxième nature.

Un médecin fait de la médecine; c'est bien le moins qu'il veuille guérir. Mais encore, pour cela, faut-il lui en faciliter les moyens. La loi, cependant, n'est pas en sa faveur. Il se plaint des falsifications de la pharmacie, et dit qu'il n'est plus certain de ses guérisons. Médecins et Pharmaciens s'assemblent en 1846. La bataille s'engage. Les médecins sont battus, et la pharmacie continue de falsifier. J'ai donc la tête bien mal organisée, car je n'ai jamais pu y faire entrer cette idée, que le gouvernement dût laisser tant de liberté, pour spéculer sur ma santé et sur la vôtre.

Rien que depuis le commencement du siècle, la Médecine s'en est donné à cœur joie; elle a passé par toutes les excentricités. Médecine purgative, médecine rouge ou broussaisiste, médecine blanche ou antiphlogistique, médecine phlogistique ou tonique, médecine homœopathique, médecine hydrothérapique, médecine narcotique ou opiacée, etc. Toutes ces modes devraient être pourtant un peu plus sérieusement discutées que celles de nos chapeaux et des robes de nos Dames.

De bonne foi, existerait-il tant d'erreurs, qui miroitent dans tous les coins de l'Europe; les médecins s'enrôleraient-ils sous tant de bannières diverses; aurions-nous vu éclore tant de doctrines dénuées de bon sens, l'homœopathie s'implanter en France, ou du moins à Paris, la médecine vouloir marcher en avant, pendant que l'hygiène marche en arrière; n'aurait-on pas compris plutôt que l'on doit étudier la vie sur la vie, et non la vie sur la mort; n'aurait-on pas rendu toute liberté aux médecins, ou toute falsification impossible par la sévérité d'une loi; n'aurait-on pas fermé toute issue au charlatanisme; la médecine, enfin, passerait-elle encore par tant de variations, et se trahirait-elle par tant d'engouements et tant de modes diverses, si l'on avait agrandi l'échelle d'observation, partant celle de comparaison, examiné toute assertion, et mis ainsi à néant tout esprit de système? Ne voit-on pas que le bon sens ne peut se perdre à la fois partout? L'EXTENSION N'EST-ELLE PAS UN DES MOYENS QUI MÈNENT A LA PERFECTION? Pas de coteries! Il s'agit ici de la santé; il ne faut qu'un Évangile. Les Académies de Médecine d'Europe, pour s'assurer de la vérité de leurs doctrines, doivent se contrôler tous les cinq ans dans un

CONGRÈS DE MÉDECINE EUROPÉEN

VIII

On a parlé du passe-port à venir. On a dit que le passe-port devait indiquer le nom, la profession, le domicile et la fortune de l'individu; j'ajouterai : et aussi les croix, récompenses, titres grades et fonctions qu'il a pu mériter, s'il y a lieu; car LA DISTINCTION n'est pas seulement une fortune, mais, je l'ai déjà dit, DEVRAIT ÊTRE LA SEULE FORTUNE. Afin qu'aucune confusion ne puisse s'établir, par l'effet du prêt du passe-port, on a dit aussi, je crois, que le portrait devrait y être photographié avec tout le soin possible. Le passe-port peut être renouvelable tous les ans, et le portrait seulement tous les cinq ans. Il pourrait s'apposer d'un passe-port sur l'autre. C'est de toute importance. Qu'il arrive un accident, une maladie ou toute autre chose, on sait toujours ainsi à qui on a affaire. C'est la route ouverte à l'honnêteté, au mérite, fermée à la malhonnêteté, à la banqueroute, au crime ou à la honte. Dans toute ville d'Europe ce passe-port serait exigible. Si je suis un galant homme en France, je ne saurais être un malhonnête homme en Autriche ou en Russie. Il ne saurait y avoir deux manières de l'entendre. C'est dire en deux mots que, dans l'avenir, le passe-port ne saurait être qu'Européen.

Européen ! me direz-vous ; vous mettrez donc d'accord tous les gouvernements d'Europe ? — Je réponds : C'est la tâche de cette époque ; c'est, en particulier, celle de la France.

Au fond de toutes les législations, de toutes les philosophies, de toutes les religions, on ne saurait trop le dire, on ne saurait trop l'écrire, aujourd'hui, il faudrait le prêcher sur tous les toits, LES FONDEMENTS, LES BASES, LES ASSISES DU GOUVERNEMENT DES PEUPLES SONT PAREILS. Si quelques-unes paraissent différer sensiblement, ces dissonnances s'effaceront, quand vous tenterez de les accorder. Mais comment les accorder, si vous n'essayez de les rapprocher ?

En Europe, à l'heure où j'écris, en législation, en philosophie, en religion, chaque peuple est encore exclusif, chacun ne se paye que de sa raison. L'intelligence d'une législation, d'une philosophie, d'une religion ne saurait être autrement qu'en harmonie avec l'intelligence d'un peuple.

C'est naturel, et il est impossible qu'il en soit autrement ; mais n'est-il pas naturel aussi de tenir compte de la raison des autres ?

Tous les peuples de l'Europe sont loin d'être avancés au même degré. Sont-ils tous aussi intelligents l'un que l'autre ? Évidemment non. Si l'intelligence n'est pas égale dans tous, le sentiment l'est-il ? Pas davantage. Aujourd'hui, les plus avancés, qui comprennent l'indispensable nécessité de l'unité gouvernementale, croient à une sorte d'uniformité dans l'individu, qui n'est pas dans la nature, et ne saisissent pas encore la Variété créée dans cette Unité, c'est-à-dire les rapports du principe de l'Autorité gouvernementale, avec ceux du principe de la Liberté individuelle. Peu d'hommes vont jusqu'à entrevoir la hiérarchie, combinée avec la variété que Dieu a établie entre chaque peuple d'un continent, et aussi entre chaque continent. Mais écartons pour l'instant cette idée, à laquelle nous reviendrons plus loin. Chaque peuple a sa façon de traduire, sous forme législative, philosophique et religieuse, son mode de penser et son mode de sentir. C'est là, dans la création, non une preuve de pauvreté, mais une de richesse. Mais en quoi cela affecte-t-il le principe d'Unité?

J'ai dit que tous les peuples de l'Europe sont loin d'être élevés au même degré de civilisation. Effectivement, chez l'un, le servage va être aboli; chez d'autres, la grande propriété va se trouver d'ici peu divisée; chez nous, la propriété morcelée commence à se discréditer, par la vivacité de la concurrence, et les douleurs qu'elle commence à causer. C'est là trois étapes diverses. Comment des degrés si différents de civilisation ne se reconnaîtraient-ils pas sous les formes législatives, philosophiques et religieuses? Il ne saurait en être autrement. Le droit de posséder des esclaves a eu sa raison d'être, comme aussi celui de posséder des serfs, comme encore aujourd'hui celui de posséder une propriété plus ou moins grande. Mais, encore une fois, en quoi cela affecte-t-il le principe de l'Unité?

Dans un siècle superficiel, bavard et écrivassier comme le nôtre, il semble que l'on craigne d'aller au fond des questions. Il semble que le fond ne soit pas particulièrement ce qui importe. Suffit-il que l'on sache, et que l'on se répète que l'on a appliqué dans ce siècle la vapeur à la mécanique, découvert la photographie, et inventé le télégraphe électrique? C'est bien sans doute; mais cela suffit trop à notre amour-propre. L'HOMME NE VIT PAS SEULEMENT D'INDUSTRIE, MAIS SURTOUT D'AMOUR.

En philosophie politique, nous sommes encore d'une grande faiblesse. Combien d'hommes, d'ailleurs intelligents, ont constamment la bouche pleine du mot Liberté, sans vous dire jamais en quoi elle consiste? C'est la maladie de bien des gens. Ne leur parlez pas de l'Esclavage, c'est-à-dire de celui où l'on contraint l'homme, de gré ou de force, à travailler; ils en ont horreur; du Servage: ils n'en ont jamais reconnu la nécessité à aucune époque; de la Propriété : ils trouvent, que c'est une Exploitation de l'homme par l'homme. Je voudrais bien qu'on les envoyât gouverner une des peuplades centrales de l'Afrique. Je ne m'inquièterais pas de savoir par quelle forme gouvernementale la nécessité les réduirait à commencer.

Toutes ces phases sociales sont affaire de peuples et de temps. Le temps est une civilisation : il est un des éléments de la civilisation générale, mais il n'en est pas la seule force. Combiné avec le génie divers des peuples, il peut donc agir en plus ou en moins. Un peuple peut donc être retardé, et l'autre relativement avancé. DANS LA CRÉATION, RIEN, PAS PLUS DANS LES PEUPLES QUE DANS LES INDIVIDUS, NE MARCHE D'UN PAS ÉGAL : TOUT EST DIVERS. Telle est la loi de développement de la civilisation.

Mais, de ce que dans la création tout soit DIVERS, en résulte-t-il pour cela que tout ne soit pas UN ?

On voit bien les dissemblances; on ne voit pas aussi bien les ressemblances. On est ébloui des rayons; on ne distingue pas jusqu'au cœur. Mais, si l'on pénètre plus avant, on voit clairement que c'est au fond des questions, dans leurs principes, à leur centre, et, comme on dit, à leur cœur, qu'en peu de temps l'on s'accorde. Je dis et je le répète : Comment s'accorder, si l'on ne tente de se rapprocher?

NAPOLÉON III mettra à néant cette kyrielle de près de 30 impôts différents, autant d'inventions dignes de gouvernements qui ne sont point arrivés à se faire une idée nette de la dignité de leur rôle, sortes de rubriques, à l'aide desquelles ils soutirent de leurs administrés l'argent, qu'ils devraient leur demander fièrement et la tête haute. L'impôt ne doit frapper que la fortune acquise par le travail sous le nom d'IMPOT SUR LE CAPITAL, et la fortune d'héritage, sous celui d'IMPOT SUR L'HÉRITAGE. Il y a bien certainement deux genres de fortune, celle que l'on acquiert honnêtement de ses dix doigts ou de son intelligence, et celle dont on hérite, sans l'avoir ni gagnée ni méritée. Si la première est très-respectable, la seconde l'est beaucoup moins. On peut donc justement peser sur la seconde pour soulager la première. L'impôt doit être PROPORTIONNEL sur le Capital et PROGRESSIF sur l'Héritage. Ce sera le premier pas vers la prédominance future du Mérite sur la fortune. Croyez-vous que cette mesure réalisée en France sera sympathique ou non à toute l'Europe ?

NAPOLÉON III PROCLAMERA, d'ici peu, l'INSTRUCTION GRATUITE A TOUS LES DEGRÉS, ET OBLIGATOIRE POUR L'ENSEIGNEMENT ÉLÉMENTAIRE. L'instruction des enfants du peuple, dans les villes, est encore confiée à des congrégations noires (couleur de ténèbres), qui se sont appelées elles-mêmes, à si juste titre, Frères Ignorantins. Que voulez-vous donc qu'ils vous apprennent ? Le peuple ne va à eux que pour une raison, c'est que le peu d'instruction qu'ils donnent est gratuite. Quand l'enfant est déjà chez vous, le père et la mère sont bien près d'y entrer. NAPOLÉON le sait. Aussi voudra-t-il qu'il y ait une EDUCATION et une INSTRUCTION GRATUITES, DONNÉES AU PEUPLE PAR L'ETAT. Qu'en pensera l'Europe, et ne sera-t-elle pas unanime à nous applaudir, et à nous imiter ?

Napoléon III abaissera le taux de l'intérêt de l'argent. Je ne connais rien d'antisocial comme cette phrase : Je vous ai prêté de l'argent, l'intérêt est à échéance, payez-moi, ou je vous fais saisir. — Mais, Monsieur, j'ai été inondé, je n'ai pu semer que trop tard, la sécheresse a brûlé ma plante, j'ai tout perdu. Vous voulez que je vous paye 5 p. 0/0, aujourd'hui que je perds la moitié de mon capital. Vous avez établi un intérêt régulier, fixe, invariable, inexorable, mais la nature, elle, monsieur, permettez que je vous l'observe, ne produit toujours que d'une façon toujours variable et des plus irrégulières. Si l'on veut à toute force que l'intérêt de l'argent soit fixe, il faut que l'intérêt en soit abaissé de telle façon, qu'il soit dans tous les cas, toujours en moyenne au-dessous du taux du produit du travail. Pourquoi les gens qui s'isolent dans la société, qui ne concourent de leur personne à aucun produit, et ne courent ainsi aucune des chances naturelles du travail, vivraient-ils toujours, sans souci aucun de rien, (ce qui ne laisse pas que de rendre très-indifférent à tout, et de développer beaucoup d'égoïsme), pendant que ceux qui concourent de leur peine et de leur sueur aux produits des sociétés, qui courent toutes les chances du travail national, vivent en réalité toujours dans d'incessants soucis de tout, arrivant ainsi quelquefois à douter de la justice de Dieu ?

Le taux de l'intérêt légal doit être abaissé de 1/2 p. 0/0 tous les 5 ans, jusqu'à 2 p. 0/0 d'intérêt fixe.

Le taux commercial et celui de la rente peuvent être maintenus à 1/2 p. 0/0 au-dessus du taux de l'intérêt légal.

Indépendamment du droit à un intérêt fixe, le prêteur pourra prélever une part d'intérêt dans le produit du travail, mais cette part sera toujours relative au produit, et ne pourra jamais être, comme aujourd'hui, de 5, quand le travail, parfois, n'a pas donné 1 de bénéfices.

Est-ce trop de naïveté ou d'innocence, qui a rendu jusqu'ici les Gouvernements assez timides pour ne pas abaisser au moins tous les cinq ans le taux de l'intérêt de la rente? Qui s'attend à voir jamais rembourser par eux dans de grandes proportions le capital de leur dette ? Peut-il y avoir d'autre remboursement sérieux, que la facilité de rentrer dans ce capital par la vente de la rente?

Cette mesure, qui eût dû jusqu'ici ne pas se faire attendre si longtemps, à cause de tout le bien qui en ressortira, soulagera l'Etat, lui permettra d'autant de faire de grandes choses, remettra à sa vraie place l'argent, qui est monnaie d'échange et non richesse, frappera au cœur l'égoïsme, délivrera de l'oppression du capital l'intelligence et les bras du travailleur, et ressuscitera d'autant l'Agriculture, l'Industrie et tout le travail national. A l'exemple de la France, tous les travaux renaîtront en Europe.

NAPOLÉON III ORDONNERA UN DÉLAI NORMAL D'ATTENTE, POUR LE REMBOURSEMENT DES EFFETS DE COMMERCE. L'argent n'étant véritablement que monnaie d'échange dans les sociétés, pourquoi lui a-t-on donné plus de droits qu'à la richesse elle-même? Je suis cultivateur; je vends la première marchandise dans toute société, c'est-à-dire 50 hectolitres de blé à mon meunier. Je passe dans la semaine pour recevoir mon argent. Mon homme, qui n'a pas reçu de son boulanger, comme il y comptait, me prie d'attendre une dizaine de jours. Si je lui sautais à la gorge, et si je l'étranglais, séance tenante, dans son moulin, vous crieriez à la barbarie, à l'inhumanité. Moi, je crie à la vôtre. Après 24 heures révolues, vous faites, comme j'eus fait à cet homme. En avant l'huissier; protêt, sommation, jugement, saisie, etc.

Selon vous, il n'y a pas d'autres moyens d'aider un retardataire, que de faire tout, pour qu'il ne puisse plus arriver. Cet homme est évanoui, tuez-le, on sera ainsi assuré qu'il n'en reviendra pas. Etrangler, fusiller, décapiter, exécuter après le délai de 24 heures, c'est là tout votre évangile. C'est absolument le même régime que celui de l'état de siége. J'ai vu hier un père de famille qui a manqué d'avoir une attaque d'apoplexie, à cause de 1 jour de retard dans le payement d'une traite. Votre rigueur inexorable trouble les cervelles. Les prêteurs d'argent, grâce à la loi, sont devenus les Croquemitaines des affaires. C'est un bonheur pour celui qui peut payer avec toute la rigueur des dates, son crédit augmentera ; c'est un malheur pour celui qui se fait trop attendre, son crédit diminuera ; mais n'accumulez pas les frais, ce n'est pas votre intérêt intelligemment entendu, et ne les commencez qu'après un délai normal d'environ 15 jours. Quand Napoléon prendra par une loi cette mesure, la France et l'Europe applaudiront, étant certains d'y voir un peu plus de Fraternité que par le passé.

Napoléon III prendra en main toutes les assurances. En fait d'économie sociale nous sommes de grands niais. Les intérêts de toute la société, les in-

TÉRÊTS GÉNÉRAUX, NOUS LES CONFIONS A DES COMPAGNIES PARTICULIÈRES. Aussi les compagnies prennent-elles toujours leur intérêt, jamais le vôtre. Qui donc autre peut prendre les intérêts de tout le monde, si ce n'est le Gouvernement ? Le Gouvernement seul peut vous garantir, au meilleur compte, contre l'Incendie, la Grêle, l'Inondation. N'a-t-il pas pour surveillants ses maires, pour payeurs ses percepteurs, et pour éteindre vos incendies ses pompiers ? Ne peut-il pas prendre telle mesure, qu'en 6 mois, il y ait en France autant de pompes que de communes ? Economie pour lui, conséquemment abaissement de tarifs, économie pour vous. N'a-t-il pas ses ingénieurs aussi pour prévenir les inondations, et vos désastres ? Que voulez-vous de plus ? Les compagnies, en admettant qu'ils en eussent la volonté, sont impuissantes à vous rendre tous ces services. APRÈS DIEU, POUR LE PAYSAN, LE GOUVERNEMENT, C'EST TOUT. LE GOUVERNEMENT ASSUREUR, TOUT LE MONDE IRA A LUI. Le jour où le GOUVERNEMENT FRANÇAIS se déclarera à cet égard le PROTECTEUR DU TRAVAIL, il sera imité dans toute l'Europe.

NAPOLÉON III CRÉERA DE NOUVEAUX CHEMINS DE FER, POUR POUVOIR FAIRE CIRCULER LA PRESQUE TOTALITÉ DE LA RICHESSE NATIONALE, ET AUSSI LA PRESQUE TOTALITÉ

DES HABITANTS DE LA FRANCE. Toute l'Ecole polytechnique, tous les ingénieurs, se sont fourvoyés à propos de cette invention, qui fait aujourd'hui notre orgueil, et qui fera demain la risée de nos petits enfants. Avec nos tarifs, la richesse nationale ne peut circuler que d'une façon restreinte, et nous n'arrivons à faire voyager qu'un trentième de la population de la France. Ces Messieurs ne savaient peut-être pas que LE VOYAGE est UN DES PLUS GRANDS ÉLÉMENTS DE CIVILISATION ; aussi est-ce sans doute pour cela que, sous prétexte de vitesse, ils sont arrivés à forcer de le tarifer au prix le plus élevé, au lieu du prix le plus bas. Il s'agit de rechercher quel doit être le mode normal des voyages dans le plan de la création, mais LES VOYAGES EN CHEMIN DE FER, me disait un jour un de mes amis, M. MORIN, jusqu'ici ne sont que des VOYAGES EN TUYAUX DE POÊLE. Les dépenses d'exploitation des chemins de fer absorbent de 50 à 60 p. 0/0 des recettes brutes. Donc, si l'on abaisse les tarifs de 40 p. 0/0, les chemins de fer sont ruinés. Il y a deux inventions dans les chemins de fer ; celle des rails, et celle de la vapeur. La première est une synthèse parfaite, la seconde une mauvaise application de la vapeur. Là où la nature organise des forces, on ne peut pas heureusement faire emploi dans le même but de forces tirées de la matière inorganisée. Voyageurs et marchandises peuvent circuler avec le système américain sur les bas côtés de près de 150,000 kilomètres de routes impériales, départementales et de grande communication, portant la vie dans tous les sens, A 1/3 DU PRIX que vous avez fixé. LA EST L'ÉCHEC, QUI VOUS FERA MAT. Nous espérons, dans un ouvrage spécial, le démontrer à NAPOLÉON III. Il le comprendra, et la réalisation en France d'un aussi grand Elément de civilisation entraînera toute l'Europe à nous imiter, et par suite à nous visiter.

NAPOLÉON III ORGANISERA EN FRANCE DES RÉSERVES PUBLIQUES DE GRAINS, POUR QUE LE PAIN PUISSE ÊTRE TOUS LES ANS PRESQUE AU MÊME PRIX. La grande variation dans les prix, qui s'établit forcément par l'irrégularité des récoltes, tourne toujours au profit de quelques gros agioteurs, râfleurs ou monopoliseurs. C'est pour cela que, armés du despotisme du capital, ils s'efforcent, par tous les moyens possibles, de faire faire aux prix du blé constamment des cabrioles. C'est là un flux et un reflux, qui engloutit trop souvent les agriculteurs, et enraye le travail national. Quand le prix du blé est trop bas, l'agriculteur ne peut plus payer ; quand il est trop élevé, c'est l'ouvrier, qui ne peut plus vivre. Quand le pain se maintient longtemps à un prix trop élevé, le travail diminue dans les manufactures, surtout dans celles de produits de luxe. Dans celles-là, quand le prix du pain est doublé depuis longtemps, on ne travaille plus que 3 jours la semaine. Donc, pour l'ouvrier de ces fabriques, la position est la même que si le PRIX DU PAIN était QUADRUPLÉ. Il est bien forcé de mettre sur son drapeau : DU TRAVAIL OU LA MORT.

On dit, çà et là, que l'entrée toujours libre des grains est le remède souverain de ce mal. C'est là un leurre. La récolte peut manquer d'un quart, et l'importation la plus forte ne peut réussir à importer qu'un dixième de la nourriture d'une année. Méfiez-vous des gens qui ont un intérêt aux secousses ! Economiser dans les années d'abondance pour les années de disette, c'est là une idée simple et naturelle, et ce qu'ont pensé les peuples depuis 6,000 ans. Le reste n'est que du bavardage.

Conserver du blé n'est pas un secret. Il est connu de tous les agriculteurs sérieux, depuis plus de 1,000 ans. Je l'expliquerai à NAPOLÉON III. Ainsi commencera d'ici peu, pour la France, une ère de prospérité pour l'Agriculture et l'Industrie, qui s'étendra bientôt sur toute l'Europe.

Napoléon III édifiera au milieu de chaque département de France des Invalides civils. Dieu a fait des forts et des faibles, pour que les forts tendent la main aux faibles, les échauffent sentimentalement, et les éclairent intellectuellement, et que les faibles, en reconnaissance, les nourrissent matériellement. Voilà les raisons de Fraternité et d'Amour, que Dieu a établies du haut en bas de l'échelle sociale. Mais tout est encore loin d'être aussi net dans la phase que nous traversons. Chacun lutte contre son voisin, les forts contre les faibles, et les faibles contre les forts. Notre société n'est encore qu'une lutte, et cette lutte devient tous les jours de plus en plus vive. A armes égales, il y aurait inévitablement des morts sur le carreau ; à plus forte raison, lorsque les armes naturelles sont des plus inégales, inégalité qui se trouve encore augmentée de celle de la fortune. Par ces deux raisons, en attendant une meilleure organisation sociale, dont l'heure n'est pas encore sonnée, il faut donc, forcément, qu'il y ait des victimes. A chaque chute, chacun par le travail cherche à se relever ; mais il vient un temps où l'intelligence commence à s'affaisser, et où une diminution de plus en plus sensible dans la force du corps vous avertit clairement que la lutte n'est plus possible. Faut-il mourir ? Mais, il est dans la nature qu'à tout âge on tienne à la vie. Et, cependant, on ne peut plus vivre, si ce n'est, et encore, l'été, en ramassant, épi à épi, ce qui est tombé à terre par la faux du moissonneur, et l'hiver, en grelottant de froid sous les toits, errant sur les chemins, pour mendier de ferme en ferme ses derniers morceaux de pain, luttant ainsi pour traîner ses derniers jours, contre la faim, le froid, la pluie ou la neige, couchant ici dans une étable et là dans un chenil. Et l'être, cependant, que vous laissez tomber si bas, était fier de 60 moissons. Faut-il ajouter à ce tableau celui des misères secrètes et cachées des villes ? Voilà pourtant, comme jusqu'ici, et même en France, on a honoré le travail ! Je n'ai jamais compris la PROPRIÉTÉ, sans L'INSTITUTION DES INVALIDES CIVILS, cette COMPENSATION RIGOUREUSEMENT JUSTE DES INJUSTICES QU'ELLE TRAINE A SA SUITE Au bout de cette lutte doublement inégale, les VAINCUS, tombés à terre, ont A LA VIE UN DROIT RIGOUREUSEMENT ÉGAL A CELUI DES VAINQUEURS, restés debout. Les Invalides civils sont une dette sacrée de la Propriété, et la plus juste et la plus urgente institution de ce temps-ci. Ce sera par elle que NAPOLÉON III voudra inaugurer les plus glorieuses Réformes et Institutions du XIXe siècle, aux applaudissements de toute l'Europe.

L'Orient veut faire croire à l'Occident qu'il n'y a pas de traits d'union, conséquemment d'Unité possible dans le Gouvernement des peuples. Aujourd'hui, nous venons de le démontrer surabondamment, les raisons de Fraternité et d'Amour, entre les peuples, et d'Unité dans les mêmes idées, passent et dépassent de cent coudées au-dessus de la tête d'une multitude de Rois. La civilisation retenue, attardée par leur égoïsme, va regagner de vitesse, leur coalition sera fatalement brisée comme verre, et leurs couronnes, or et bijoux, pulvérisés, et jetés à la fureur des vents.

Catholiques, Protestants, Anglicans, Schismatiques, Juifs et Mahométans, voici l'heure de la Rénovation Européenne. Vous n'avez adoré tous qu'un seul et même Dieu. Donnez-vous tous la main. La France est en tête ; c'est elle, qui vous apporte cette bonne nouvelle ; c'est elle qui vous crie :

FRATERNITÉ UNIVERSELLE

RELIGION

DE

LA FRANCE

Quelque chose que l'on fasse, l'heure sonne à l'horloge de la Providence. La Législation, la Philosophie, la Religion, auront d'ici peu des bases unitaires dans leurs lois fondamentales, et dans leurs principes.

Paris verra d'ici peu d'années un

CONGRÈS EUROPÉEN DE L'UNITÉ LÉGISLATIVE, PHILOSOPHIQUE ET RELIGIEUSE

De même que nous voyons au ciel un Soleil, pour échauffer et éclairer toutes les planètes, de même il doit y avoir sur terre un continent pour échauffer et éclairer tous les autres, comme il doit y avoir une nation, coeur et tête de ce continent, que Dieu doit avoir destinée à être le feu et la lumière des autres nations, et qu'elle doit entrainer dans son orbite.

Donner à chaque peuple ses frontières naturellles, mettre ainsi fin aux luttes de chacun, asseoir pour toujours la Paix en Europe, fonder ce que Napoléon Ier avait dessein d'établir, parfaire ce qu'il n'avait que préparé, prendre l'initiative des Réfor-

MES ET DES INSTITUTIONS EUROPÉENNES, ORGANISER DES CONGRÈS EUROPÉENS, ENFIN ILLUMINER TOUTE L'EUROPE DES GRANDES IDÉES DE NOTRE RÉVOLUTION, ET L'EMBRASER DE NOS SENTIMENTS SI PLEINS DE VIE DE FRATERNITÉ, DRAPEAU DE LA SEULE ET VRAIE CIVILISATION, ÉTOILE DU SALUT DE L'HUMANITÉ, TELLE EST LA MISSION DE NAPOLÉON III, ET LA RAISON PROVIDENTIELLE DE SON ASCENDANT EN EUROPE. TELLE JE LA LUI PROPHÉTISE, TELLE IL L'ACCOMPLIRA, TELLE IL LA CROIT, TELLE IL LA SENT, TELLE LA RAISON DE SON ÉTOILE.

VUES

PAR-DESSUS

L'EUROPE ACTUELLE

CHAPITRE III

DU RÊVE DE LA PAIX UNIVERSELLE

VUES PAR-DESSUS L'EUROPE ACTUELLE

CHAPITRE III

DU RÊVE DE LA PAIX UNIVERSELLE

La force matérielle, ai-je déjà dit, est soutien du droit dans le monde, comme la force physique est soutien dans la création de la vie intellectuelle et sentimentale. Toutes les deux, force matérielle et force physique, ont un rôle à remplir. Ce n'est pas le premier, à coup sûr, car les forces appréciables, pondérables, ayant hauteur, largeur et profondeur, les trois dimensions nécessaires du cube, pour exprimer la force, mais par cela même aussi exactement limitées que lui, ne peuvent être envisagées à l'égal des forces intellectuelles et sentimentales, illimitées par leur nature ou leur essence.

Avant de s'élever à une hauteur assez grande,

pour que le cercle des idées forcément s'en agrandisse, examinons, au point de départ, le rôle qu'a joué jusqu'ici dans le monde l'appui de la force matérielle.

Si petite que vous puissiez entrevoir la lutte aux temps les plus reculés, ne fût-ce qu'entre deux frères, si l'un d'eux, doué d'une nature plus élevée dans la hiérarchie des êtres, prend une voie, qu'à l'envi son frère veut entraver, comment, après avoir épuisé tout ce que l'intelligence et le sentiment fournissent d'accords et d'harmonies, ne pas s'armer de ces deux forces SUPRÊMES, devenues inutiles, pour autoriser l'emploi de la DERNIÈRE des forces, la force matérielle, qui, elle, va les rendre efficaces? Les deux forces suprêmes sont évidemment de leur essence ÉTHÉRÉES. Comment donc, dans une création où l'aspect des choses est évidemment matériel et fini, mais où en réalité toute question est intellectuelle ou sentimentale, repousserait-on, pour rétablir l'ordre, qui seul peut conduire au développement de ces deux vies, comment, dis-je, repousserait-on, quand cet ordre semble interverti, l'emploi de la force matérielle, justement dénommée pour cela ULTIMA RATIO?

Que la force matérielle soit en tout et toujours soumise, et à l'ordre des forces suprêmes, INTELLIGENCE et SENTIMENT, cette question ne fait pas de doute; mais, que l'on ne croie pas à la NÉCESSITÉ PROVIDENTIELLE DE L'EMPLOI DE LA FORCE MATÉRIELLE DANS LE MONDE PHYSIQUE, c'est être inconséquent et illogique.

Une vérité ne peut pas cesser d'être reconnue comme telle, parce que l'horizon, qu'elle éclaire va tous les jours s'étendant. Un principe une fois admis, doit-on reculer devant ses conséquences? Comment ce qui est vrai entre deux hommes ne le serait-il plus entre quatre, cent, mille, cent mille, un million ou un milliard? Serait-ce en raison de l'étroitesse de nos cerveaux que l'étendue nous fait peur? DANS L'ORDRE INTELLECTUEL, UN DES SIGNES DE PROGRÈS EST L'EXTENSION MÊME DE NOS IDÉES; car PROGRÈS, AVANCEMENT, DÉVELOPPEMENT, EXTENSION, C'EST TOUT UN.

Nous nous payons d'ordinaire d'horizons si bornés, la vie a pris pour tant de monde des proportions si mesquines et si écourtées, qu'il semble presque paradoxal d'énoncer que ce qui est vrai d'homme à homme l'est aussi de nation à nation.

Nous sommes habitués à l'idée de voir arrêter un voleur, un assassin, dût la personne qui les arrête y risquer sa vie. Dans de pareilles proportions, tout le monde crie : BRAVO ; mais, quand une nation tout entière opprime sa voisine, lui dérobe tout le fruit de ses travaux, et aussi sa part de bien-être au soleil, l'étreint, l'étouffe, et finit, en fin de compte, par sucer jusqu'à son sang; quand tout vœu, toute prière sont devenus inutiles, le devoir d'une nation n'est-il plus exactement le même que celui d'un citoyen, parce qu'elle y risque la vie de ses enfants? Y a-t-il là autre chose qu'une DIFFÉRENCE DE PROPORTION? Ne faut-il pas arrêter le crime, parce qu'il a lieu, non plus seulement sur un homme, mais bien sur un peuple tout entier? et, par quelle fausse retenue, ne crions-nous pas tous en cœur : BRAVO!

Il est évident que ce qui est vrai d'homme à homme, et de nation à nation, l'est aussi de continent à continent.

De continent à continent, les vues sont opposées. Un continent tout entier souffre. Le désordre est en Asie, ou, si vous le voulez, aux États-Unis d'Amérique. L'esprit de liberté, en s'étendant, s'exagérant, a rendu toute impulsion centrale ou gouvernementale impossible. L'esprit de mercantilisme a tout envahi, tout absorbé, tout pourri, principes, morale, religion. Rien n'est respecté, si ce n'est le poignard et le revolver. L'esprit des hommes n'est plus sain, la fureur gagne, c'est bientôt le chaos. Par contre, tout se développe en Europe; tous les peuples se sont donné la main. Un seul et même principe régit deux cent soixante-douze millions d'hommes. L'Europe fait de justes représentations aux États-Unis : on veut bien discuter un instant; mais, bientôt, tout devient inutile. L'Amérique arme un million d'hommes, l'Europe deux millions. L'amour-propre national se révolte; on passe des menaces aux injures; la guerre est déclarée. DIFFÉRENCE DE PROPORTION.

Aujourd'hui, chacun va de son côté, cherchant à diriger les affaires du monde comme les siennes propres. On se fait un petit cercle, chacun s'enferme dans sa boutique, et personne n'en veut sortir. On veut bien que la paix se fasse, on la demande même à grand cris; mais chacun se décharge sur son voisin du soin de s'en mêler. Chacun veut travailler, c'est louable, sans doute, mais chacun a aussi un devoir à remplir. Il doit contribuer, pour sa quote-part, au bien-être de ses semblables, partant, de ses voisins, comme des nations voisines, et des nations voisines, comme des continents voisins. Est-ce pour rien que, sur mer, Dieu nous a donné la vapeur? Est-ce aussi pour rien, que, sur terre, on a découvert la communication électrique, et inventé les chemins de fer? Sur mer, comme sur terre, il n'y a bientôt plus d'espace. Tous les jours, tout se rapproche, tout devient voisin. Il y a bien un sens à cela? Ne serait-ce pas, pour nous mettre le bien de TOUS, qui est le devoir de CHACUN, SOUS LA MAIN?

SI LA FORCE MATÉRIELLE, SOUTIEN DES ÉLÉMENTS DIVINS, INTELLIGENCE ET SENTIMENT, va tous les jours progressant, l'harmonie, c'est-à-dire la cessation de la lutte dans des limites infimes, grandit aussi tous les jours avec elle. Vous dites encore : je suis FRANÇAIS; demain vous direz je suis EUROPÉEN. Pour une agglomération de 25,000,000 d'hommes, vous entendez dire : Les États-Unis d'Amérique; pour celle de l'Europe, qui est de 272,000,000, votre esprit ne gagnerait-il pas quelque chose en étendue, et votre bien-être aussi, quand tout le monde dira : LES ÉTATS-UNIS EUROPÉENS.

Dieu a établi une hiérarchie d'homme à homme, mais aussi une de nation à nation, et aussi une de continent à continent. Disons-en un mot : UNE FOIS L'EXISTENCE D'UN PRINCIPE RECONNU, IL EST DE TOUTE ÉVIDENCE QUE CE PRINCIPE SE RÉFLÉCHIT DANS TOUTE LA CRÉATION, D'ANALOGIE EN ANALOGIE, COMME DANS UN MIROIR.

Vous avez admis des races d'hommes diverses.

« On arrive à reconnaître, dit M. Alfred MAURY ; « dans son ouvrage intitulé : *La Terre et l'Homme*, « que toutes les races humaines se groupent autour « de trois types distincts : un TYPE BLANC, un TYPE « JAUNE et un TYPE NOIR.

« Le TYPE BLANC paraît avoir son berceau dans le « plateau de l'Iran, et a rayonné de ce centre dans « l'Inde, l'Arabie, la Syrie, l'Asie Mineure, et l'Eu- « rope. Cette circonstance a fait donner à la race « blanche le nom de CAUCASIQUE.

« Le TYPE JAUNE existe en Chine depuis la plus « haute antiquité : il s'étend dans toutes les contrées « habitées par les populations mongoliennes ; de « là le nom de race MONGOLIQUE, par lequel on dé-

« signe la race JAUNE. Celle-ci s'est répandue au sud ;
« jusque dans les deux presqu'îles de l'Inde et
« la Malaisie ; au nord, elle confine aux régions
« polaires.

« Le TYPE NOIR ou race NOIRE répond à l'Afri-
« que centrale et occidentale ; il paraît s'être
« étendu sous la zone intertropicale, depuis la
« côte orientale de l'Afrique jusqu'en Austra-
« lie.

« Il est impossible de déterminer toutes les va-
« riétés qui sont sorties des mélanges sans nombre
« opérés entre les TROIS RACES PRIMORDIALES. Quel-
« ques-unes ont cependant des caractères spécifiques
« assez tranchés et assez permanents, pour mériter
« une classification particulière ; ce sont des types
« de seconde formation, d'autant plus intéressants
« à étudier, qu'ils correspondent généralement à des
« centres zoologiques. Les variétés sont : 1° la race
« BORÉALE, qui embrasse toutes les populations
« habitant au voisinage du cercle Arctique, et qui
« est intermédiaire entre la race blanche et la race
« jaune ; 2° la race MALAYO-POLYNÉSIENNE, qui par-
« ticipe à la fois des types nègre, mongol et
« blanc, et dont le domaine s'étend de chaque
« côté de l'équateur, depuis Madagascar jusqu'en

« Polynésie : 3º la race AMÉRICAINE OU ROUGE, qui « participe des trois mêmes races, mais où l'élément « noir est très-faiblement prononcé, et qui se rap- « proche davantage du type caucasique ; 4º la race « HOTENTOTE, qui est intermédiaire entre la race nègre « et la race jaune ; 5º la race PAPOUE, qu'on peut « considérer comme une branche de la race nègre. »

LA RACE BLANCHE nous paraît devoir jouer dans le monde le rôle que la France joue en ce moment en Europe. Plus douée de génie créateur dans les sciences et dans les arts, d'initiative internationale et d'élan, plus élevée en vie intellectuelle et sentimentale, elle accuse un rôle supérieur dans le monde, jusque dans la distinction de ses formes physiques. Elle a reçu certainement le don de la vie par excellence, tant elle paraît sympathique à l'esprit d'HUMANITÉ, et de FRATERNITÉ UNIVERSELLE. C'est pour indiquer ses qualités, que Dieu l'a faite blanche et rosée. Le blanc n'est-il pas la couleur symbolique de l'Intelligence, et le carmin la couleur symbolique du Sentiment ? C'est au cœur de cette race, que Dieu a fait naître le CHRIST.

LA RACE JAUNE, douée d'une intelligence d'un

ordre moins élevé, loin d'éprouver le besoin d'étendre ses idées, ne paraît pas, jusqu'aujourd'hui, souffrir de ce qu'on les borne. La ruse, la finesse poussée jusqu'à la subtilité, lui apparaissent comme des forces suprêmes. La droiture, la franchise, la loyauté, lui manquent absolument dans tous ses rapports d'individu à individu et de nation à nation; mais elle est née industrieuse. Dieu l'a colorée de jaune, parce que le jaune est la couleur de la quintescence des choses matérielles, de l'or, conséquemment symbolique de l'aptitude industrielle. Elle doit donc être secondaire dans le Monde. La race blanche doit l'éclairer de sa lumière, et la réchauffer de son feu. Mais il fallait établir entre ces deux races un point de contact. N'est-ce pas pour cela que Dieu lui a donné, comme caractère dominant, L'ESPRIT D'IMITATION INDUSTRIELLE.

LA RACE NOIRE indique déjà à l'œil, relativement aux deux autres, une prédominance matérielle sur la vie intellectuelle et sentimentale. Les lèvres du nègre sont particulièrement épaisses, son nez peu développé dans la partie supérieure, épaté dans la partie inférieure, ce qui lui donne peu de nez en toutes choses; sa poitrine est large, épaisse et convexe, pour lui fournir un souffle puissant dans les efforts matériels, auquel il est destiné par prééminence; ses formes, enfin, sont moins pures, et, si je puis m'exprimer ainsi, plus animales. La nature a fait la première ébauche de l'homme avec les formes du singe, dont elle a voulu, sans doute à cause de ce rapport, en conserver aussi la couleur à cette race.

Les trois races n'indiquent-elles pas, dans le rapport de leur couleur, leur degré d'élévation dans la hiérarchie? La couleur noire n'est-elle pas la couleur la plus opposée à la blanche, la couleur de la lumière? Si je n'avais pas d'autres raisons, que je comprisse, je me contenterais de celle-là, pour assigner la dernière place à la race noire. Mais j'en trouve d'autres: évidemment, les exaltations de la vie intellectuelle et sentimentale lui sont bien plus indifférentes qu'aux deux autres races. Celle-ci sent son infériorité; elle comprend, mais il faut L'AIDER A COMPRENDRE; elle sent, mais il faut en quelque sorte L'AIDER A SENTIR. LA RAISON DE LA FORCE DES FORTS EST DANS LA FAIBLESSE DES FAIBLES; et réciproquement, LA RAISON DE LA FAIBLESSE DES FAIBLES EST DANS LA FORCE DES FORTS. La

FRATERNITÉ n'est une VÉRITÉ que parce que l'INÉGALITÉ est aussi une VÉRITÉ. C'est certainement dans le RAPPROCHEMENT ET L'UNION de l'inégalité la plus distancée que l'on a droit seulement de s'honorer de la FRATERNITÉ la plus INTELLIGEMMENT ENTENDUE. C'est DANS LE CONTACT ET L'UNION DES DEUX EXTRÊMES, que l'on a déjà dit se TOUCHER, que L'HUMANITÉ DOIT S'EMBRASSER. C'est donc bien évidemment pour que la race noire, la dernière des races, soit encouragée, éclairée, éduquée, réchauffée par la blanche, que Dieu lui a donné en partage et par excellence, L'ESPRIT DE SOUMISSION.

Mais, me dira-t-on, par quelles raisons assez puissantes d'intervention entraînerez-vous la race blanche à chercher à pénétrer ainsi de ses idées la race jaune et aussi la race noire? Je réponds : Une seule raison peut, pour l'instant, entraîner dans cette voie : quelquefois, une idée d'une extrême simplicité, qu'il suffit d'énoncer, pour que tout le monde soit convaincu de son importance et de son efficacité, nous conduira comme par la main à l'accomplissement de ces vues providentielles. C'est ainsi que Dieu paraît dans le monde se jouer d'obstacles en apparence insurmontables, et rapprocher par la nécessité de s'entendre les continents les plus éloignés. Chacun veut-il rester chez soi au coin de son feu? Vous verrez avec quelle facilité chacun s'empressera d'en sortir, quand l'heure sera sonnée à l'horloge de sa providence. Dieu peut périodiquement, et à des intervalles plus rapprochés, voici ce petit moyen, empoisonner l'Europe par le choléra. Trouvez-vous le moyen bon? Il peut le réitérer jusqu'à temps que nous soyons pleinement convaincus de la nécessité d'intervenir en Asie. Tout le monde sait que le choléra naît constamment sur le bord du Gange. Il n'y a peut-être d'autres remèdes, pour en guérir, que le moyen de le prévenir : qui sait? Si cela était, pour le prévenir, il faudrait rechercher sur les lieux les causes qui lui donnent naissance, forcer, bon gré mal gré, les Princes de ce pays à faire des règlements pour la police de ce fleuve, voir si les eaux ne stagnent pas sous un soleil de feu dans des marais pestilentiels, faire tous desséchements nécessaires ou tous autres travaux, ordonnances, etc. Nous sommes pris : il est de toute nécessité d'INTERVENIR.

L'Asie empoisonne par le choléra, mais l'Amérique empoisonne aussi par la fièvre jaune, et l'Afrique par la peste, trois excellentes raisons d'intervention, dont nous serions tour à tour assez vite fatigués, et qui, cela étant jugé les seuls remèdes efficaces, nous feraient prendre bien vivement toutes mesures convenables, le jour où la Providence trouverait nécessaire de faire intervenir l'Europe dans les autres continents.

On vous a élevé, vous et moi, avec des idées un peu étroites : Qu'est-ce que la famille? N'est-ce pas autre chose que l'ÉGOÏSME A DEUX, A TROIS, A QUATRE? Qu'est-ce que ce principe? CHACUN POUR SOI, CHACUN CHEZ SOI, ET DIEU POUR TOUS? Et cet autre : LAISSEZ FAIRE, LAISSEZ PASSER? Est-ce que cela signifie : LAISSEZ FAIRE LE CHOLÉRA, LAISSEZ-VOUS EMPOISONNER AUJOURD'HUI PAR LA PESTE, ET DEMAIN PAR LA FIÈVRE JAUNE? C'est à l'aide de cette philosophie bâtarde que l'on laissait étreindre l'Italie comme dans un carcan, et s'éteindre la Pologne, sous prétexte de consolider un trône, qu'un souffle a renversé.

Pour peu que l'on considère le plan de la Création d'un point de vue un peu élevé, du haut duquel le développement de la civilisation dans le monde apparaît, comme intimement lié avec la nécessité de la hiérarchie des continents entre eux, partant de leurs relations mutuelles, on reste convaincu que les idées de non-intervention n'ont ni ba seni appui, et ne peuvent qu'être sorties, à une époque bourgeoise, de cerveaux étroits, et de cœurs peu développés. MAIS L'OBSCURITÉ DES TÉNÈBRES CONDUIT A FAIRE ÉPROUVER LE BESOIN DE LA LUMIÈRE, COMME LA GRAVITÉ DU MAL MÈNE A FAIRE VIVEMENT SENTIR LE BESOIN DU BIEN. C'est là des lois appropriées à notre faiblesse, à l'aide desquelles Dieu entraîne à son heure l'humanité à grandir, au fur et à mesure que celle-ci comprend mieux, ou sent plus vivement toute la Providence de ses œuvres.

Disons deux mots de la Force brutale. La Force brutale est une objection, que l'on entend à tout propos, que chacun répète, et à laquelle il me paraît nécessaire de répondre ici.

Les esprits faibles croient à la prééminence de la Force brutale dans le monde. A mon sens, ils donnent, par cette opinion, une nouvelle preuve de leur faiblesse.

Lorsqu'on gravit à un point de vue élevé des choses, comme au sommet d'une montagne, d'où tous les détails de l'histoire se rapetissent et disparaissent, pour laisser seuls visibles les ensembles et les grandes ondulations du progrès ou de la civilisation des peuples, la Force brutale n'apparaît que comme n'ayant réellement servi que les forts. La Force, dans l'expression vraie du mot, n'est pas dans la matière créée, mais bien dans la quintessence de cette matière. Or, cette quintessence, cette force sublimée, c'est l'INTELLIGENCE, et au-dessus d'elle le SENTIMENT, qui, plus tard, doit prééminer l'Intelligence. Virgile n'a pas dit : MOLES AGITAT MENTEM, mais bien MENS AGITAT MOLEM. Ce n'est PAS LA MATIÈRE QUI EST LA FORCE DE L'AME, MAIS BIEN LA VIE DE L'AME, QUI EST LA FORCE DE LA MATIÈRE.

La matière, effectivement, n'a pas de mouvement; elle est inerte d'elle-même : son mouvement, son agitation, sa force, sa vie, lui proviennent d'une force supérieure.

Plaçons-nous donc un instant au point de vue élevé, dont j'ai parlé.

Du point où elle était partie, la République romaine, et aussi l'Empire romain ont-ils grandi si longtemps par la discipline et la valeur de leurs armées, ou par L'INTELLIGENCE qui présidait à cette discipline, et qui savait récompenser, partant, rehausser cette valeur? L'extension de la circonférence comme de la puissance d'un peuple, surtout de celui qui rend les autres tributaires, ne doit-elle pas être calculée sur la force d'impulsion du centre? Où a été le secret de cette force d'impulsion du centre dans le peuple romain? Ce n'a certes pas été dans la force brutale, dont les autres peuples nous paraissent avoir été doués à l'égal de lui-même : il faut donc que cette force réside, au moins, dans l'INTELLIGENCE. On a pu remarquer, comme nous, que plus on descend profondément dans l'histoire, plus l'INTELLIGENCE fait centre à l'exclusion presque du SENTIMENT. Les peuples naissent et grandissent par l'INTELLIGENCE, et doivent se civiliser à leur maturité par l'accord parfait de celle-ci avec le SENTIMENT, qui doit plus tard la prééminer. Nous ne sommes pas encore arrivés à cette époque. Loin de là. Les Romains n'ont donc pu être remarquables, que par le développement de leur INTELLIGENCE, et non par celui de leur SENTIMENT. C'est elle, c'est l'INTELLIGENCE des Romains, et non la brutalité de leur force, qui a fait que nous trouvons encore, après 2,000 ans, tant de traces de leur domination en Europe, en Afrique et aussi en Asie, les trois parties du Monde connues à cette époque.

Revenons à la hiérarchie des continents entre eux, et à la nécessité de leurs relations.

Dans notre prétendu siècle de lumière, combien d'hommes, d'ailleurs éminents, ne comprennent encore rien aux raisons divines des choses créées, par exemple, à celle de la nécessité de l'Inégalité des Races, comme des Individus dans le monde! Cette raison, SUPREMA RATIO, est la RAISON D'AMOUR.

Si chacun n'a pas besoin de tous, et si tous n'ont pas besoin de chacun, sur quoi serait fondée la raison de s'entr'aider, les uns donnant plus, les autres donnant moins, selon qu'ils ont reçu eux-mêmes de la volonté de Dieu. Tout dans le monde est INÉGALITÉ, parce que Dieu veut que tout soit SERVICES, que tout soit AMOUR.

Je l'ai déjà dit, et je ne saurais trop le répéter :

D'HOMME A HOMME, DE NATION A NATION, DE CONTINENT A CONTINENT, DIEU A ENTRECROISÉ, DANS TOUS LES SENS, A TITRE DE NÉCESSITÉS IMPÉRIEUSES DE SON PLAN, DES COURANTS DE SERVICES MUTUELS, ÉMANANT DE PÔLES MULTIPLES D'AMOUR.

Je ne prétends donner ici que des raisons sommaires des choses. Si je voulais m'élancer dans les nuances de ces idées élémentaires et fondamentales de civilisation, je dirais que l'ordre sentimental et intellectuel doit donner lieu dans le monde à une recherche multiple et variée de questions; que les solutions de ces questions devront toujours être proportionnées à la force native des races, sous-races et variétés, et que Dieu a voulu que les races primitives ou tranchées se mélangeassent, pour forcer ainsi l'humanité à tenir compte plus tard de toutes les nuances du sentiment et de l'idée, c'est-à-dire de la VARIÉTÉ DANS L'UNITÉ, dont les richesses civilisatrices jailliront fatalement, par le mélange presque à l'infini des variétés de races.

Il semble, de prime abord, que la paix doit conduire plus vite que la guerre à des résultats aussi éminents. Il en doit être ainsi. La paix est évidemment l'état de santé des nations. Mais, si la santé est quelquefois troublée, comment la paix, quelquefois aussi, ne le serait-elle pas? La guerre peut devenir de plus en plus rare, au fur et à mesure que se développera la civilisation; mais ce qui a existé depuis six mille ans doit être un principe, et CE QUI EST UN PRINCIPE DOIT ÊTRE ÉTERNEL.

La paix a ses fruits, mais la guerre a aussi les siens. — Sanglants, me dira-t-on. — C'est possible. Je veux bien admettre, comme vous, la répulsion, l'horreur même, que l'on a pour la guerre. Jusqu'ici l'on a versé tant de sang pour des causes si futiles, qu'à ce titre je ne veux pas en être l'apologiste; mais je demande, enfin, si la résistance matérielle, la FORCE MATÉRIELLE, entièrement soumise à la force Intellectuelle et Sentimentale, n'est pas ÉLÉMENT DE CIVILISATION. Quant à moi, je n'en fais pas un doute.

Dieu a fait des natures si diverses, des caractères si variés, que vous avez rencontré maintes fois autour de vous des hommes ardents, bouillants, à organisation sanguine développée, et quelquefois aussi d'autres plus froids en apparence ou en réalité, mais apportant dans la résistance, une fois qu'elle leur a paru légitime, nécessaire, inévitable, une inflexibilité terrible. La cause est juste, vous le leur avez démontré, c'est évident pour eux comme pour vous. Ils n'en doutent plus. Un coup de main, un sacrifice, disent-ils, laissez faire, c'est là notre affaire. Loin d'être rares, ces deux caractères, surtout le premier, sont assez communs. Se sentant assez pauvrement organisés à divers égards, ils offrent leurs bras : que leur demandez-vous de plus? Si ces sentiments, ces idées, ne sont pas plus saillants aujourd'hui au milieu des masses, ce n'est pas faute des caractères dont j'ai parlé, mais, assurément, parce que l'idée de sacrifice VOLONTAIRE correspond à une organisation sociale supérieure à celle de ce temps-ci.

TOUT étant, DANS LE MONDE, AMOUR ET COMBINAISON D'AMOUR, il est impossible de ne pas admettre que le risque volontaire du sacrifice de la vie ne soit pas un DÉVOUEMENT, partant une PREUVE D'AMOUR. Toute idée et tout sentiment, indiqué déjà dans les générations passées, doit s'épurer au fur et à mesure du développement des âges, s'éclaircir ou se faire sentir davantage. Les principes sont éternels. Conséquemment, quand la guerre sera réellement devenue ULTIMA RATIO, c'est-à-dire la dernière raison, après avoir épuisé toutes les autres, la FORCE MATÉRIELLE apparaîtra, dans toute son évidence, comme le SOUTIEN PROVIDENTIEL DES FORCES INTELLECTUELLES ET SENTIMENTALES, c'est-à-dire DE L'AMOUR, et la GUERRE sera dite un SACRIFICE VOLONTAIRE, une PREUVE DE DÉVOUEMENT, D'AMOUR, un HOLOCAUSTE NATIONAL.

Une nation ne pouvant être, dans l'avenir, qu'une fraction d'un gouvernement continental, la guerre ne pourra avoir lieu, que de continent à continent, et deviendra ainsi un **HOLOCAUSTE CONTINENTAL.**

Lorsque l'Europe aura fini par entraîner dans

sa civilisation l'Asie tout entière; lorsque la race jaune, reconnaissant la supériorité de la race blanche, aura gagné à son perpétuel contact une partie de ce qui lui manque évidemment, la droiture, la franchise, la loyauté, et aussi une plus grande élévation dans les idées et une plus intime sensibilité dans les sentiments, sera-ce tout, et le devoir de l'Europe sera-t-il rempli? Évidemment non. Nous l'avons déjà fait sentir.

Ne faudra-t-il pas civiliser aussi la Malaisie, la Mélanésie, la Polynésie, la Micronésie?

Et aussi l'Amérique, encore presque déserte? Trois siècles ont-ils suffi pour la tirer de la sauvagerie?

Et aussi toute l'Afrique? Combien de siècles faudra-t-il pour élever en vie celle de toutes les populations noires qui la couvrent?

Et aussi les races qui occupent les parties septentrionales des continents avoisinant le pôle arctique?

Et aussi ce continent immense qui, entre l'Asie et l'Amérique, s'élève tous les jours au sein du grand Océan équinoxial par le travail gigantesque de ces myriades d'êtres invisiblement petits?

Et aussi, demain, ces terres qui doivent sortir

des eaux, par un complément nécessaire d'harmonie, comme une immense couronne autour du pôle antarctique?

Ne voit-on pas que, DANS LE PLAN DE LA CRÉATION, LA SORTIE DES CONTINENTS EST SUCCESSIVE ET RÉPOND A LA MARCHE DES SIÈCLES?

Oui, la paix universelle est un rêve, parce qu'elle est le rêve du sentiment sans le concours de l'Intelligence; mais L'AMOUR lui, n'est pas un rêve, parce qu'il échauffe comme le feu, et éclaire comme la lumière, parce qu'il est tout à la fois SENTIMENT et INTELLIGENCE, parce qu'il est la VIE.

PARIS. — IMP. POITEVIN ET Ce, RUE DAMIETTE, 2.

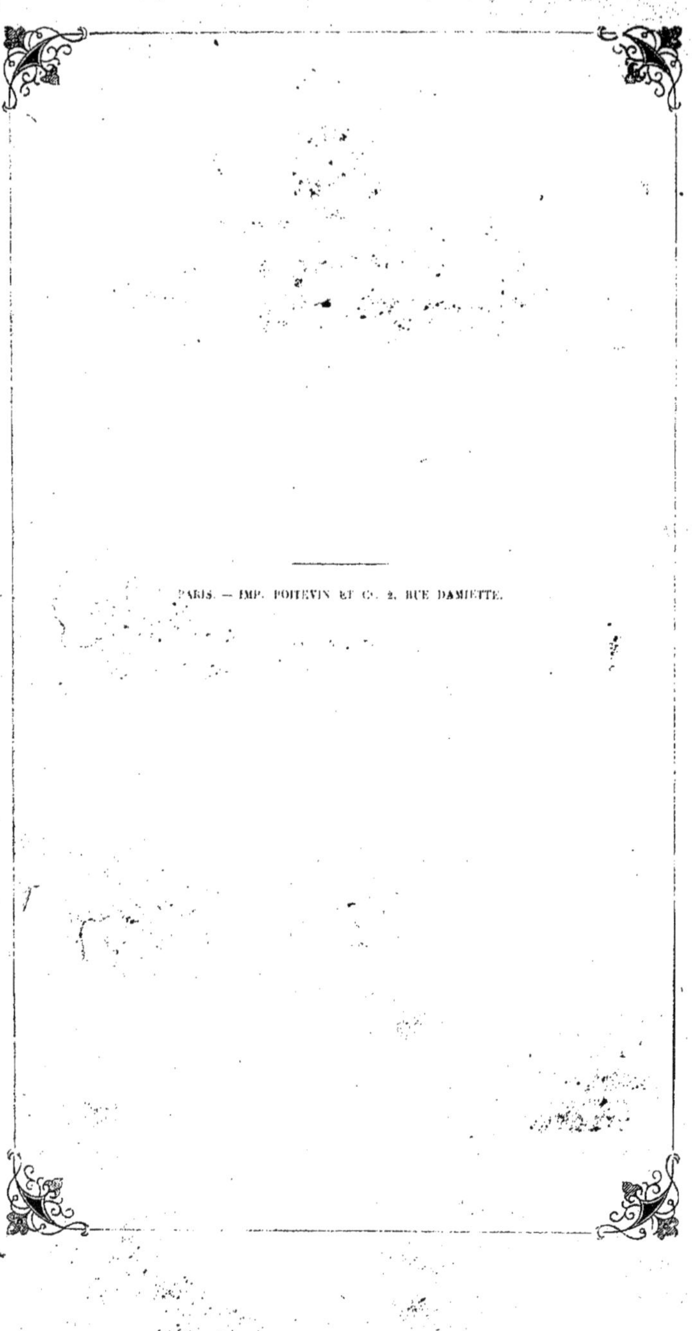

PARIS. — IMP. POITEVIN ET Cᵉ, 2, RUE DAMIETTE.

www.ingramcontent.com/pod-product-compliance
Ingram Content Group UK Ltd.
Pitfield, Milton Keynes, MK11 3LW, UK
UKHW020310230726
13925UKWH00001B/329